ॐ

# DHATUPATHA

## 1943 Roots of Siddhanta Kaumudi

**ORIGINAL SEQUENCE OF DHATUS**
**WITH TAGS AND ACCENT MARKS**
**IAST Transliteration of Sanskrit**

SADHVI HEMSWAROOPA
Ashwini Kumar Aggarwal

जय गुरुदेव

ISBN13: 978-93-48012-17-3 Paperback Edition
ISBN13: 978-93-48012-23-4 Hardbound Edition
ISBN13: 978-93-48012-19-7 Digital Edition



Title: Dhatupatha 1943 Roots of Siddhanta Kaumudi
Author: **Ashwini Kumar Aggarwal, Sadhvi Hemswaroopa**

Printed and Published by
**Devotees of Sri Sri Ravi Shankar Ashram**
34 Sunny Enclave, Devigarh Road,
Patiala 147001, Punjab, Bhārat

https://advaita56.weebly.com/ The Art of Living Centre
https://www.artofliving.org/

**Devotees Library Cataloging-in-Publication Data**
Aggarwal, Ashwini Kumar. Hemswaroopa, Sadhvi.
Language: English. Thema: CJBG CJPG 4CTM 2BBA
BISAC: LAN024000 LANGUAGE ARTS & DISCIPLINES / Linguistics / Etymology
Keywords: 1) Sanskrit Grammar. 2) Roots of Language. 3) Etymology.
Typeset in 12 Arial Unicode MS

2nd May 2025 Sanyam2 begins with Guruji's Tithi Bday in Dhyan Mandir with Devi Puja. Ardra Nakshatra Adi Shankaracharya Jayanti, Vaishakha Shukla Pancami, Grishma Ritu, Uttarayana.

Vikram Samvat 2082 Siddharthi, Saka Era 1947 Vishvavasu

1st Edition May 2025

जय गुरुदेव

## Dedication

H H Sri Sri Ravi Shankar

whose discourse on the Bhagavad Gita is unparalleled

*An offering at His Lotus feet*

## Front Cover Image credits

https://www.pexels.com/photo/black-and-white-typewriter-on-brown-carpet-3945345/

## Acknowledgements

Abridged version of our popular title "**Dhatupatha Sanskrit Roots Indexes**". As this book is specifically designed for the native English speaking scholar, hence for clarity, in this version, the Sanskrit Devanagari has been Transliterated to IAST. However the Accented Roots are listed in Devanagari.

## Blessing

In Sanskrit, the word for gravity is Guru-tva-karshan. The earth holds us towards itself by the force of gravity. Without this attraction or love, we would have no base or foundation. Similarly, Guru-tva is the basis of our life. The Guru is the guiding light – removing the darkness of ignorance.....

H H Sri Sri Ravi Shankar
7July 2009 Guru Poornima

# Prayer

yenākṣarasamāmnāyam adhigamya maheśvarāt I

kṛtsnaṃ vyākaraṇaṃ proktaṃ tasmai pāṇinaye namaḥ II

By whom the letters were carefully chosen and collected, which were initially produced by Lord Shiva. Who wrote an exhaustive and complete grammar treatise, to that great **Panini** my sincerest obeisance.

vākyakāraṃ vararuciṃ bhāṣyakāraṃ patañjalim I

pāṇiniṃ sūtrakārañca praṇato'smi munitrayam II

To the explanatory sentences of **Vararuchi**,
the indepth commentary of **Patanjali**, and
the precise verses of **Panini**,
my wholehearted appreciation and fullsome praise.

## Table of Contents

**DHATUPATHA 7**

GANASUTRAS FROM THE DHATUPATHA 32

SAUTRA DHATU 35

**ROOT CHARACTERISTICS 36**

INTERNAL GROUPING OF ROOTS 36

ROOTS PREFIXED WITH UPASARGA IN DHATUPATHA 39

ROOT INITIAL LETTER IN ORIGINAL ENUNCIATION Ṣ / Ṇ UPADEŚAḤ 40

ROOT ACCENT MARK IN ORIGINAL ENUNCIATION 41

ROOT TAG LETTER = IT SAṂJÑĀ = ANUBANDHAḤ 43

**LEGEND FOR TAGGED AND ACCENTED ROOTS INDEX 47**

**TAGGED AND ACCENTED ROOTS INDEX 50**

**ROOT CHANGES BY ASHTADHYAYI SUTRAS 92**

GHU घु ROOTS = 6NOS 92

ROOTS WITH INITIAL ष् Ṣ CHANGE TO स् S = 87NOS 92

ROOTS WITH INITIAL ष् Ṣ NO CHANGE = 3NOS 93

ROOTS WITH INITIAL ण् Ṇ CHANGE TO न् N = 35NOS 94

ROOTS THAT TAKE तुक् TUK TO MAKE च्छ् CCH 29NOS 95

ROOTS THAT TAKE REDUPLICATION TO MAKE च्छ् CCH 3NOS 95

ROOT SUBSTITUTIONS DURING CONJUGATION 96

# Dhatupatha

Dhatupatha of Panini from Siddhanta Kaumudi has Dhatu Serial Number till 1943. However 1081 carkarītaṃ ca is a Ganasutra and not a Dhatu. Hence sum total of Roots is 1942.

**1c**

1 bhū sattāyām 2 edha vṛddhau 3 spardha saṅgharṣe 4 gādhṛ pratiṣṭhālipsayorgranthe ca 5 bādhṛ viloḍane 6 nāthṛ 7 nādhṛ yācñopatāpaiśvaryāśīṣṣu 8 dadha dhāraṇe 9 skudi āpravaṇe 10 śvidi śvaitye 11 vadi abhivādanastutyoḥ 12 bhadi kalyāṇe sukhe ca 13 madi stutimodamadasvapnakāntigatiṣu 14 spadi kiñcit calane 15 klidi paridevane 16 muda harṣe 17 dada dāne 18 ṣvada 19 svarda āsvādane 20 urda māne krīḍāyāṃ ca 21 kurda 22 khurda 23 gurda 24 guda krīḍāyām eva 25 ṣūda kṣaraṇe 26 hrāda avyakte śabde 27 hlādī sukhe ca 28 svāda āsvādane 29 parda kutsite śabde 30 yatī prayatne 31 yutṛ 32 jutṛ bhāsane 33 vithṛṁ 34 vethṛ yācane 35 śrathi śaithilye 36 grathi kauṭilye 37 kattha ślāghāyām 38 ata sātatyagamane 39 citī saṃjñāne 40 cyutir āsecane 41 ścyutir kṣaraṇe 42 mantha viloḍane 43 kuthi 44 puthi 45 luthi 46 mathi hiṃsāsaṅkleśanayoḥ 47 ṣidha gatyām 48 ṣidhū śāstre māṅgalye ca 49 khādṛ bhakṣaṇe 50 khada sthairye hiṃsāyāṃ ca 51 bada sthairye 52 gada vyaktāyāṃ vāci 53 rada vilekhane 54 ṇada avyakte śabde 55 arda gatau yācane ca 56 narda 57 garda śabde 58 tarda hiṃsāyām 59 karda kutsite śabde 60 kharda dandaśūke 61 ati 62 adi bandhane 63 idi paramaiśvarye

64 bidi avayave 65 gaḍi vadanaikadeśe 66 ṇidi kutsāyām 67 ṭunadi samṛddhau 68 cadi āhlādane dīptau ca 69 tradi ceṣṭāyām 70 kadi 71 kradi 72 kladi āhvāne rodane ca 73 klidi paridevane 74 śundha śuddhau 75 śīkṛ secane 76 lokṛ darśane 77 ślokṛ saṅghāte 78 drekṛ 79 dhrekṛ śabdotsāhayoḥ 80 rekṛ śaṅkāyām 81 sekṛ 82 srekṛ 83 sraki 84 śraki 85 ślaki gatau 86 śaki śaṅkāyām 87 aki lakṣaṇe 88 vaki kauṭilye 89 maki maṇḍane 90 kaka laulye 91 kuka 92 vṛka ādāne 93 caka tṛptau pratighāte ca 94 kaki 95 vaki 96 śvaki 97 traki 98 ḍhaukṛ 99 traukṛ 100 ṣvaṣka 101 vaska 102 maska 103 ṭikṛ 104 ṭīkṛ 105 tikṛ 106 tīkṛ 107 raghi 108 laghi gatyarthāḥ 109 aghi 110 vaghi 111 maghi gatyākṣepe 112 rāghṛ 113 lāghṛ 114 drāghṛ sāmarthye 115 ślāghṛ katthane 116 phakka nīcairgatau 117 taka hasane 118 taki kṛcchrajīvane 119 bukka bhaṣaṇe 120 kakha hasane 121 okhṛ 122 rākhṛ 123 lākhṛ 124 drākhṛ 125 dhrākhṛ śoṣaṇālamarthayoḥ 126 śākhṛ 127 ślākhṛ vyāptau 128 ukha 129 ukhi 130 vakha 131 vakhi 132 makha 133 makhi 134 ṇakha 135 ṇakhi 136 rakha 137 rakhi 138 lakha 139 lakhi 140 ikha 141 ikhi 142 īkhi 143 valga 144 ragi 145 lagi 146 agi 147 vagi 148 magi 149 tagi 150 tvagi 151 śragi 152 ślagi 153 igi 154 rigi 155 ligi gatyarthāḥ 156 yugi 157 jugi 158 bugi varjane 159 ghagha hasane 160 maghi maṇḍane 161 śighi āghrāṇe 162 varca dīptau 163 ṣaca secane sevane ca 164 locṛ darśane 165 śaca vyaktāyāṃ vāci 166 śvaca 167 śvaci gatau 168 kaca bandhane 169 kaci 170 kāci dīptibandhanayoḥ 171 maca 172 muci kalkane 173 maci dhāraṇocchrāyapūjaneṣu 174 paci

vyaktīkaraṇe 175 ṣṭuca prasāde 176 ṛja gatisthānārjanopārjaneṣu 177 ṛji 178 bhṛjī bharjane 179 ejṛ 180 bhrejṛ 181 bhrājṛ dīptau 182 īja gatikutsanayoḥ 183 śuca śoke 184 kuca śabde tāre 185 kuñca 186 kruñca kauṭilyālpībhāvayoḥ 187 luñca apanayane 188 añcu gatipūjanayoḥ 189 vañcu 190 cañcu 191 tañcu 192 tvañcu 193 mruñcu 194 mluñcu 195 mrucu 196 mlucu gatyarthāḥ 197 grucu 198 glucu 199 kuju 200 khuju steyakaraṇe 201 gluñcu 202 ṣasja gatau 203 guji avyakte śabde 204 arca pūjāyām 205 mlecha avyakte śabde 206 lacha 207 lāchi lakṣaṇe 208 vāchi icchāyām 209 āchi āyāme 210 hrīcha lajjāyām 211 hurchā kauṭilye 212 murchā mohasamucchrāyayoḥ 213 sphurchā vistṛtau 214 yucha pramāde 215 uchi uñche 216 uchī vivāse 217 dhraja 218 dhraji 219 dhṛja 220 dhṛji 221 dhvaja 222 dhvaji gatau 223 kūja avyakte śabde 224 arja 225 ṣarja arjane 226 garja śabde 227 tarja bhartsane 228 karja vyathane 229 kharja pūjane ca 230 aja gatikṣepaṇayoḥ 231 teja pālane 232 khaja manthe 233 khaji gativaikalye 234 ejṛ kampane 235 ṭuosphūrjā vajranirghoṣe 236 kṣi kṣaye 237 kṣīja avyakte śabde 238 laja 239 laji bhartsane 240 lāja 241 lāji bharjane ca 242 jaja 243 jaji yuddhe 244 tuja hiṃsāyām 245 tuji pālane 246 gaja 247 gaji 248 gṛja 249 gṛji 250 muja 251 muji śabdārthāḥ 252 vaja 253 vraja gatau 254 aṭṭa atikramahiṃsanayoḥ 255 veṣṭa veṣṭane 256 ceṣṭa ceṣṭāyām 257 goṣṭa 258 loṣṭa saṅghāte 259 ghaṭṭa calane 260 sphuṭa vikasane 261 aṭhi gatau 262 vaṭhi ekacaryāyām 263 maṭhi 264 kaṭhi śoke 265 muṭhi pālane 266 heṭha vibādhāyām 267 eṭha ca 268 hiḍi gatyanādarayoḥ 269 huḍi saṃghāte 270 kuḍi dāhe 271 vaḍi vibhājane 272 maḍi ca 273 bhaḍi paribhāṣaṇe 274 piḍi saṅghāte 275 muḍi mārjane 276 tuḍi toḍane 277 huḍi varaṇe 278 caḍi kope 279 śaḍi rujāyāṃ saṅghāte ca 280 taḍi tāḍane 281 paḍi gatau 282 kaḍi made 283 khaḍi manthe 284 heḍṛ 285 hoḍṛ anādare 286 bāḍṛ āplāvye 287 drāḍṛ 288 dhrāḍṛ viśaraṇe 289 śāḍṛ ślāghāyām 290 śauṭṛ garve 291 yauṭṛ bandhe 292 mleṭṛ 293 mreḍṛ unmāde 294 kaṭe varṣāvaraṇayoḥ 295 aṭa 296 paṭa gatau 297 raṭa paribhāṣaṇe 298 laṭa bālye 299 śaṭa rujāviśaraṇagatyavasādaneṣu 300 vaṭa veṣṭane 301 kiṭa 302 khiṭa trāse 303 śiṭa 304 ṣiṭa anādare 305 jaṭa 306 jhaṭa saṅghāte 307 bhaṭa bhṛtau 308 taṭa ucchrāye 309 khaṭa kāṅkṣāyām 310 ṇaṭa nṛttau 311 piṭa śabdasaṅghātayoḥ 312 haṭa dīptau 313 ṣaṭa avayave 314 luṭa viloḍane 315 ciṭa parapreṣye 316 viṭa śabde 317 biṭa ākrośe 318 iṭa 319 kiṭa 320 kaṭī gatau 321 maḍi bhūṣāyām 322 kuḍi vaikalye 323 muḍa 324 pruḍa mardane 325 cuḍi alpībhāve 326 muḍi khaṇḍane 327 ruṭi 328 luṭi steye 329 sphuṭir viśaraṇe 330 paṭha vyaktāyāṃ vāci 331 vaṭha sthaulye 332 maṭha madanivāsayoḥ 333 kaṭha kṛcchrajīvane 334 raṭa paribhāṣaṇe 335 haṭha plutiśaṭhatvayoḥ 336 ruṭha 337 luṭha 338 uṭha upaghāte 339 piṭha hiṃsāsaṅkleśanayoḥ 340 śaṭha kaitave ca 341 śuṭha gatipratighāte 342 kuṭhi ca 343 luṭhi ālasye pratighāte ca 344 śuṭhi śoṣaṇe 345 ruṭhi 346 luṭhi gatau 347 cuḍḍa bhāvakaraṇe 348 aḍḍa abhiyoge 349 kaḍḍa kārkaśye 350 krīḍṛ vihāre 351 tuḍṛ toḍane 352 huḍṛ 353 hūḍṛ 354 hoḍṛ gatau 355 rauḍṛ anādare 356 roḍṛ 357 loḍṛ unmāde 358 aḍa udyame 359 laḍa vilāse 360 kaḍa made 361 gaḍi vadanaikadeśe 362 tipṛ 363 tepṛ 364 ṣṭipṛ 365 ṣṭepṛ kṣaraṇārthāḥ 366 glepṛ dainye 367 ṭuvepṛ kampane 368 kepṛ 369 gepṛ 370 glepṛ ca 371 mepṛ 372 repṛ 373 lepṛ gatau 374 trapūṣ lajjāyām 375 kapi calane 376 rabi 377 labi 378 abi śabde 379 labi avasraṃsane ca 380 kabṛ varṇe 381 klībṛ adhāṣṭarye 382 kṣībṛ made 383 śībhṛ katthane 384 cībhṛ ca 385 rebhṛ śabde 386 ṣṭabhi 387 skabhi pratibandhe 388 jabhī 389 jṛbhi gātravināme 390 śalbha katthane 391 valbha bhojane 392 galbha dhāṣṭarye 393 śrambhu pramāde 394 ṣṭubhu stambhe 395 gupū rakṣaṇe 396 dhūpa santāpe 397 japa 398 jalpa vyaktāyāṃ vāci 399 capa sāntvane 400 ṣapa samavāye 401 rapa 402 lapa vyaktāyāṃ vāci 403 cupa mandāyāṃ gatau 404 tupa 405 tumpa 406 trupa 407 trumpa 408 tupha 409 tumpha 410 trupha 411 trumpha hiṃsārthāḥ 412 parpa 413 rapha 414 raphi 415 arba 416 parba 417 larba 418 barba 419 marba 420 karba 421 kharba 422 garba 423 śarba 424 ṣarba 425 carba gatau 426 kubi ācchādane 427 lubi 428 tubi ardane 429 cubi vaktrasaṃyoge 430 ṣṛbhu 431 ṣṛmbhu hiṃsārthau 432 śubha 433 śumbha bhāṣaṇe । bhāsana ityeke 434 ghiṇi 435 ghuṇi 436 ghṛṇi grahaṇe 437 ghuṇa 438 ghūrṇa bhramaṇe 439 paṇa vyavahāre stutau ca 440 pana ca 441 bhāma krodhe 442 kṣamūṣ sahane 443 kamu kāntau 444 aṇa 445 raṇa 446 vaṇa 447 bhaṇa 448 maṇa 449 kaṇa 450 kvaṇa 451 vraṇa 452 bhraṇa 453 dhvaṇa śabdārthāḥ 454 oṇṛ apanayane 455 śoṇṛ varṇagatyoḥ 456 śroṇṛ saṅghāte 457 śloṇṛ ca 458 paiṇṛ gatipreraṇaśleṣaṇeṣu 459 dhraṇa śabde 460 kanī dīptikāntigatiṣu 461 ṣṭana 462 vana śabde 463 vana 464 ṣaṇa sambhaktau 465 ama gatyādiṣu 466 drama 467 hamma 468 mīmṛ gatau 469 camu 470 chamu 471 jamu 472 jhamu adane 473 kramu pādavikṣepe 474 aya 475 vaya 476 paya 477 maya 478 caya 479 taya 480 ṇaya gatau 481 daya dānagatirakṣaṇahiṃsādāneṣu 482 raya gatau 483 ūyī tantusantāne 484 pūyī viśaraṇe durgandhe ca 485 knūyī śabde undane ca 486 kṣmāyī vidhūnane 487 sphāyī 488 opyāyī vṛddhau 489 tāyṛ santānapālanayoḥ 490 śala calanasaṃvaraṇayoḥ 491 vala 492 valla saṃvaraṇe sañcaraṇe ca 493 mala 494 malla dhāraṇe 495 bhala 496 bhalla paribhāṣaṇahiṃsādāneṣu 497 kala śabdasaṅkhyānayoḥ 498 kalla avyakte śabde 499 tevṛ 500 devṛ devane 501 ṣevṛ 502 gevṛ 503 glevṛ 504 pevṛ 505 mevṛ 506 mlevṛ sevane 507 revṛ plavagatau 508 mavya bandhane 509 sūrkṣya 510 īrkṣya 511 īrṣya īṣyārthāḥ 512 haya gatau 513 śucya abhiṣave 514 harya gatikāntyoḥ 515 ala bhūṣaṇaparyāptivāraṇeṣu 516 ñiphalā viśaraṇe 517 mīla 518 śmīla 519 smīla 520 kṣmīla nimeṣaṇe 521 pīla pratiṣṭambhe 522 ṇīla varṇe 523 śīla samādhau 524 kīla bandhane 525 kūla āvaraṇe 526 śūla rujāyāṃ saṅghoṣe ca 527 tūla niṣkarṣe 528 pūla saṅghāte 529 mūla pratiṣṭhāyām 530 phala niṣpattau 531 culla bhāvakaraṇe 532 phulla vikasane 533 cilla śaithilye bhāvakaraṇe ca 534 tila gatau 535 velṛ 536 celṛ 537 kelṛ 538 khelṛ 539 kṣvelṛ 540 vella calane 541 pelṛ 542 pheḷ 543 śelṛ gatau 544 skhala sañcalane 545 khala sañcaye 546 gala adane 547 ṣala gatau 548 dala viśaraṇe 549 śvala 550 śvalla āśugamane 551 kholṛ 552 khorṛ gatipratighāte 553 dhorṛ gaticāturye 554 tsara chadmagatau 555 kmara hūrcchane 556 abhra 557 vabhra 558 mabhra 559 cara gatyarthāḥ 560 ṣṭhivu nirasane 561 ji jaye 562 jīva prāṇadhāraṇe 563 pīva 564 mīva 565 tīva 566 ṇīva sthaulye 567 kṣīvu 568 kṣevu nirasane 569 urvī 570 turvī 571 thurvī 572 durvī 573 dhurvī hiṃsārthāḥ 574 gurvī udyamane 575 murvī bandhane 576 purva 577 parva 578 marva pūraṇe 579 carva adane 580 bharva hiṃsāyām 581 karva 582 kharva 583 garva darpe 584 arva 585 śarva 586 ṣarva hiṃsāyām 587 ivi vyāptau 588 pivi 589 mivi 590 ṇivi secane 591 hivi 592 divi 593 dhivi 594 jivi prīṇanārthāḥ 595 rivi 596 ravi 597 dhavi gatyarthāḥ 598 kṛvi hiṃsākaraṇayośca 599 mava bandhane 600 ava rakṣaṇagatikāntiprītitṛptyavagamapraveśaśravaṇasvāmyarthay ācanakriyecchādīptyavāptyāliṅganahiṃsā- dānabhāgavṛddhiṣu 601 dhāvu gatiśuddhyoḥ 602 dhukṣa 603 dhikṣa sandīpanakleśanajīvaneṣu 604 vṛkṣa varaṇe 605 śikṣa vidyopādāne 606 bhikṣa bhikṣāyāmalābhe lābhe ca 607 kleśa avyaktāyāṃ vāci 608 dakṣa vṛddhau śīghrārthe ca 609 dīkṣa mauṇḍyejyopanayananiyamavratādeśeṣu 610 īkṣa darśane 611 īṣa gatihiṃsādarśaneṣu 612 bhāṣa vyaktāyāṃ vāci 613 varṣa snehane 614 geṣṛ anvicchāyām 615 peṣṛ prayatne 616 jeṣṛ 617 ṇeṣṛ 618 eṣṛ 619 preṣṛ gatau 620 reṣṛ 621 heṣṛ 622 hreṣṛ avyakte śabde 623 kāsṛ śabdakutsāyām 624 bhāsṛ dīptau

625 ṇāsṛ 626 rāsṛ śabde 627 ṇasa kauṭilye 628 bhyasa bhaye 629 āṅaḥśasi icchāyām 630 grasu 631 glasu adane 632 īha ceṣṭāyām 633 bahi 634 mahi vṛddhau 635 ahi gatau 636 garha 637 galha kutsāyām 638 barha 639 balha prādhānye 640 varha 641 valha paribhāṣaṇahiṃsācchādaneṣu 642 pliha gatau 643 vehṛ 644 jehṛ 645 vāhṛ prayatne 646 drāhṛ nidrākṣaye 647 kāśṛ dīptau 648 ūha vitarke 649 gāhū viloḍane 650 gṛhū grahaṇe 651 glaha ca 652 ghuṣi kāntikaraṇe 653 ghuṣir aviśabdane 654 akṣū vyāptau 655 takṣū 656 tvakṣū tanūkaraṇe 657 ukṣa secane 658 rakṣa pālane 659 ṇikṣa cumbane 660 tṛkṣa (trakṣa) 661 ṣṭrakṣa 662 ṇakṣa gatau 663 vakṣa roṣe 664 mṛkṣa saṅghāte 665 takṣa tvacane 666 sūrkṣa ādare 667 kākṣi 668 vākṣi 669 mākṣi kāṅkṣāyām 670 drākṣi 671 dhrākṣi 672 dhvākṣi ghoravāsite ca 673 cūṣa pāne 674 tūṣa tuṣṭau 675 pūṣa vṛddhau 676 mūṣa steye 677 lūṣa 678 rūṣa bhūṣāyām 679 śūṣa prasave 680 yūṣa hiṃsāyām 681 jūṣa ca 682 bhūṣa alaṅkāre 683 ūṣa rujāyām 684 īṣa uñche 685 kaṣa 686 khaṣa 687 śiṣa 688 jaṣa 689 jhaṣa 690 śaṣa 691 vaṣa 692 maṣa 693 ruṣa 694 riṣa hiṃsārthāḥ 695 bhaṣa bhartsane 696 uṣa dāhe 697 jiṣu 698 viṣu 699 miṣu secane 700 puṣa puṣṭau 701 śriṣu 702 śliṣu 703 pruṣu 704 pluṣu dāhe 705 pṛṣu 706 vṛṣu 707 mṛṣu secane 708 ghṛṣu saṅgharṣe 709 hṛṣu alīke 710 tusa 711 hrasa 712 hlasa 713 rasa śabde 714 lasa śleṣaṇakrīḍanayoḥ 715 ghasḷ adane 716 jarja 717 carca 718 jharjha paribhāṣaṇahiṃsātarjaneṣu 719 pisṛ 720 pesṛ gatau 721 hase hasane 722 ṇiśa samādhau 723 miśa 724 maśa śabde roṣakṛte

ca 725 śava gatau 726 śaśa plutagatau 727 śasu hiṃsāyām 728 śaṃsu stutau 729 caha parikalkane 730 maha pūjāyām 731 raha tyāge 732 rahi gatau 733 dṛha 734 dṛhi 735 bṛha 736 bṛhi vṛddhau 737 tuhir 738 duhir 739 uhir ardane 740 arha pūjāyām 741 dyuta dīptau 742 śvitā varṇe 743 ñimidā snehane 744 ñiṣvidā snehanamocanayoḥ 745 ruca dīptāvabhiprītau ca 746 ghuṭa parivartane 747 ruṭa 748 luṭa 749 luṭha pratīghāte 750 śubha dīptau 751 kṣubha sañcalane 752 ṇabha 753 tubha hiṃsāyām 754 sraṃsu avasraṃsane 755 dhvaṃsu 756 bhraṃsu avasraṃsane 757 srambhu viśvāse 758 vṛtu vartane 759 vṛdhu vṛddhau 760 śṛdhu śabdakutsāyām 761 syandū prasravaṇe 762 kṛpū sāmarthye 763 ghaṭa ceṣṭāyām 764 vyatha bhayasañcalanayoḥ 765 pratha prakhyāne 766 prasa vistāre 767 mrada mardane 768 skhada skhadane 769 kṣaji gatidānayoḥ 770 dakṣa gatihiṃsanayoḥ 771 krapa kṛpāyāṃ gatau ca 772 kadi 773 kradi 774 kladi vaiklabye 775 ñitvarā sambhrame 776 jvara roge 777 gaḍa secane 778 heḍa veṣṭane 779 vaṭa 780 bhaṭa paribhāṣaṇe 781 ṇaṭa nṛttau 782 ṣṭaka pratighāte 783 caka tṛptau 784 kakhe hasane 785 rage śaṅkāyām 786 lage saṅge 787 hrage 788 hlage 789 ṣage 790 ṣṭage saṃvaraṇe 791 kage nocyate 792 aka 793 aga kuṭilāyāṃ gatau 794 kaṇa 795 raṇa gatau 796 caṇa 797 śaṇa 798 śraṇa dāne ca 799 śratha 800 ślatha (knatha) 801 kratha 802 klatha hiṃsārthāḥ 803 vana ca 804 jvala dīptau 805 hvala 806 hmala calane 807 smṛ ādhyāne 808 dṝ bhaye 809 nṝ naye 810 śrā pāke 811 māraṇatoṣaṇaniśāmaneṣu jñā 812 kampane caliḥ

813 chadiḥ ūrjane 814 jihvonmathane laḍiḥ 815 madī harṣaglepanayoḥ 816 dhvana śabde 817 svana avataṃsane 818 śamo darśane 819 yamo'pariveṣaṇe 820 skhadir avaparibhyāṃ ca 821 phaṇa gatau 822 rājṛ dīptau 823 ṭubhrājṛ 824 ṭubhrāśṛ 825 ṭubhlāśṛ dīptau 826 syamu 827 svana 828 dhvana śabde 829 ṣama 830 ṣṭama avaikalye 831 jvala dīptau 832 cala kampane 833 jala ghātane 834 ṭala 835 ṭvala vaiklavye 836 ṣṭhala sthāne 837 hala vilekhane 838 ṇala gandhe 839 pala gatau 840 bala prāṇane dhānyāvarodhane ca 841 pula mahattve 842 kula saṃstyāne bandhuṣu ca 843 śala 844 hula 845 patḷ gatau 846 kvathe niṣpāke 847 pathe gatau 848 mathe viloḍane 849 ṭuvama udgiraṇe 850 bhramu calane 851 kṣara sañcalane 852 ṣaha marṣaṇe 853 ramu krīḍāyām 854 ṣadḷ viśaraṇagatyavasādaneṣu 855 śadḷ śātane 856 kruśa āhvāne rodane ca 857 kuca samparcanakauṭilyapratiṣṭhambhavilekhaneṣu 858 budha avagamane 859 ruha bījajanmani prādurbhāve ca 860 kasa gatau 861 hikka avyakte śabde 862 añcu gatau yācane ca 863 ṭuyācṛ yācñāyām 864 reṭṛ paribhāṣaṇe 865 cate 866 cade yācane 867 prothṛ paryāptau 868 midṛ 869 medṛ medhāhiṃsanayoḥ 870 medhṛ saṅgame ca 871 ṇidṛ 872 ṇedṛ kutsāsannikarṣayoḥ 873 śṛdhu 874 mṛdhu undane 875 budhir bodhane 876 ubundir niśāmane 877 veṇṛ gatijñānacintāniśāmanavāditragrahaṇeṣu 878 khanu avadāraṇe 879 cīvṛ ādānasaṃvaraṇayoḥ 880 cāyṛ pūjāniśāmanayoḥ 881 vyaya gatau 882 dāśṛ dāne 883 bheṣṛ bhaye 884 bhreṣṛ 885

bhleṣṛ gatau 886 asa gatidīptyādāneṣu 887 spaśa bādhanasparśanayoḥ 888 laṣa kāntau 889 caṣa bhakṣaṇe 890 chaṣa hiṃsāyām 891 jhaṣa ādānasaṃvaraṇayoḥ 892 bhrakṣa 893 bhlakṣa adane 894 dāsṛ dāne 895 māhṛ māne 896 guhū saṃvaraṇe 897 śriñ sevāyām 898 bhṛñ bharaṇe 899 hṛñ haraṇe 900 dhṛñ dhāraṇe 901 ṇīñ prāpaṇe 902 dheṭ pāne 903 glai 904 mlai harṣakṣaye 905 dyai nyakkaraṇe 906 drai svapne 907 dhrai tṛptau 908 dhyai cintāyām 909 rai śabde 910 styai 911 ṣṭyai śabdasaṅghātayoḥ 912 khai khadane 913 kṣai 914 jai 915 ṣai kṣaye 916 kai 917 gai śabde 918 śai 919 śrai pāke 920 pai 921 ovai śoṣaṇe 922 ṣṭai 923 ṣṇai veṣṭane 924 daip śodhane 925 pā pāne 926 ghrā gandhopādāne 927 dhmā śabdāgnisaṃyogayoḥ 928 ṣṭhā gatinivṛttau 929 mnā abhyāse 930 dāṇ dāne 931 hvṛ kauṭilaye 932 svṛ śabdopatāpayoḥ 933 smṛ cintāyām 934 hvṛ saṃvaraṇe 935 sṛ gatau 936 ṛ gatiprāpaṇayoḥ 937 gṛ 938 ghṛ secane 939 dhvṛ hūrcchane 940 sru gatau 941 ṣu prasavaiśvaryayoḥ 942 śru śravaṇe 943 dhru sthairye 944 du 945 dru gatau 946 ji 947 jri abhibhave 948 ṣmiṅ īṣaddhasane 949 guṅ avyakte śabde 950 gāṅ gatau 951 kuṅ 952 ghuṅ 953 uṅ 954 ṅuṅ śabde 955 cyuṅ 956 jyuṅ 957 pruṅ 958 pluṅ gatau 959 ruṅ gatireṣaṇayoḥ 960 dhṛṅ avadhvaṃsane 961 meṅ praṇidāne 962 deṅ rakṣaṇe 963 śyaiṅ gatau 964 pyaiṅ vṛddhau 965 traiṅ pālane 966 pūṅ pavane 967 mūṅ bandhane 968 ḍīṅ vihāyasā gatau 969 tṝ plavanataraṇayoḥ 970 gupa gopane 971 tija niśāne 972 māna pūjāyām 973 badha bandhane 974 rabha rābhasye 975 ḍulabhaṣ prāptau 976 ṣvañja pariṣvaṅge 977 hada purīṣotsarge 978 ñiṣvidā avyakte śabde 979 skandir gatiśoṣaṇayoḥ 980 yabha maithune 981 ṇama prahvatve śabde ca 982 gamḷ 983 sṛpḷ gatau 984 yama uparame 985 tapa santāpe 986 tyaja hānau 987 ṣañja saṅge 988 dṛśir prekṣaṇe 989 daṃśa daśane 990 kṛṣa vilekhane 991 daha bhasmīkaraṇe 992 miha secane 993 kita nivāse rogāpanayane ca 994 dāna khaṇḍane 995 śāna tejane 996 ḍupacaṣ pāke 997 ṣaca samavāye 998 bhaja sevāyām 999 rañja rāge 1000 śapa ākrośe 1001 tviṣa dīptau 1002 yaja devapūjāsaṅgatikaraṇadāneṣu 1003 ḍuvapa bījasantāne 1004 vaha prāpaṇe 1005 vasa nivāse 1006 veñ tantusantāne 1007 vyeñ saṃvaraṇe 1008 hveñ spardhāyāṃ śabde ca 1009 vada vyaktāyāṃ vāci 1010 ṭuośvi gativṛddhyoḥ

**2c**

1011 ada bhakṣaṇe 1012 hana hiṃsāgatyoḥ 1013 dviṣa aprītau 1014 duha prapūraṇe 1015 diha upacaye 1016 liha āsvādane 1017 cakṣiṅ vyaktāyāṃ vāci 1018 īra gatau kampane ca 1019 īḍa stutau 1020 īśa aiśvarye 1021 āsa upaveśane 1022 āṅaḥ śāsu icchāyām 1023 vasa ācchādane 1024 kasi gatiśāsanayoḥ 1025 ṇisi cumbane 1026 ṇiji śuddhau 1027 śiji avyakte śabde 1028 piji varṇe 1029 vṛjī varjane 1030 pṛcī samparcane 1031 ṣūṅ prāṇigarbhavimocane 1032 śīṅ svapne 1033 yu miśraṇe'miśraṇe ca 1034 ru śabde 1035 ṇu stutau 1036 ṭukṣu śabde 1037 kṣṇu tejane 1038 ṣṇu prasravaṇe 1039 ūrṇuñ ācchādane 1040 dyu abhigamane 1041 ṣu prasavaiśvaryayoḥ

1042 ku śabde 1043 ṣṭuñ stutau 1044 brūñ vyaktāyāṃ vāci 1045 iṇ gatau 1046 iṅ adhyayane 1047 ik smaraṇe 1048 vī gativyāptiprajanakāntyasanakhādaneṣu 1049 yā prāpaṇe 1050 vā gatigandhanayoḥ 1051 bhā dīptau 1052 ṣṇā śauce 1053 śrā pāke 1054 drā kutsāyāṃ gatau 1055 psā bhakṣaṇe 1056 pā rakṣaṇe 1057 rā dāne 1058 lā ādāne 1059 dāp lavane 1060 khyā prakathane 1061 prā pūraṇe 1062 mā māne 1063 vaca paribhāṣaṇe 1064 vida jñāne 1065 asa bhuvi 1066 mṛjū śuddhau 1067 rudir aśruvimocane 1068 ñiṣvapa śaye 1069 śvasa prāṇane 1070 ana ca 1071 jakṣa bhakṣahasanayoḥ 1072 jāgṛ nidrākṣaye 1073 daridrā durgatau 1074 cakāsṛ dīptau 1075 śāsu anuśiṣṭau 1076 dīdhīṅ dīptidevanayoḥ 1077 vevīṅ vetinā tulye 1078 ṣasa 1079 ṣasti svapne 1080 vaśa kāntau 1081 carkarītaṃ ca Ganasutra. Defines yaṅ-luk । A Root ending in yaṅ-luk is also considered to belong to 2c and takes Parasmaipada affixes. Grammarians before Panini had named these Secondary Roots as carkarīta Roots. So Panini placed this word carkarīta here to indicate that the Ashtadhyayi Sutra. 2.4.72 adiprabhṛtibhyaḥ śapaḥ applies to such yaṅluganta Roots. Even though it is a Ganasutra and not a Dhatusutra, still the Siddhanta Kaumudi has given it a Dhatu Number ! 1082 hnuṅ apanayane

**3c**

1083 hu dānādanayoḥ 1084 ñibhī bhaye 1085 hrī lajjāyām 1086 pṝ pālanapūraṇayoḥ 1087 ḍubhṛñ dhāraṇapoṣaṇayoḥ 1088 māṅ māne śabde ca 1089 ohāṅ gatau 1090 ohāk tyāge 1091 ḍudāñ dāne 1092 ḍudhāñ dhāraṇapoṣaṇayoḥ 1093 ṇijir śaucapoṣaṇayoḥ 1094 vijir pṛthagbhāve 1095 viṣḷ vyāptau 1096 ghṛ kṣaraṇadīptyoḥ 1097 hṛ prasahyakaraṇe 1098 ṛ 1099 sṛ gatau 1100 bhasa bhartsanadīptyoḥ 1101 ki jñāne 1102 tura tvaraṇe 1103 dhiṣa śabde 1104 dhana dhānye 1105 jana janane 1106 gā stutau

**4c**

1107 divu krīḍāvijigīṣāvyavahāradyutistutimodamadasvapnakāntigatiṣu 1108 ṣivu tantusantāne 1109 srivu gatiśoṣaṇayoḥ 1110 ṣṭhivu nirasane 1111 ṣṇusu adane 1112 ṣṇasu nirasane 1113 knasu hvaraṇadīptyoḥ 1114 vyuṣa dāhe 1115 pluṣa ca 1116 nṛtī gātravikṣepe 1117 trasī udvege 1118 kutha pūtībhāve 1119 putha hiṃsāyām 1120 gudha pariveṣṭane 1121 kṣipa preraṇe 1122 puṣpa vikasane 1123 tima 1124 ṣṭima 1125 ṣṭīma ārdrībhāve 1126 vrīḍa codane lajjāyāṃ ca 1127 iṣa gatau 1128 ṣaha 1129 ṣuha cakyarthe 1130 jṝṣ 1131 jhṝṣ vayohānau 1132 ṣūṅ prāṇiprasave 1133 dūṅ paritāpe । 1134 dīṅ kṣaye 1135 ḍīṅ vihāyasā gatau 1136 dhīṅ ādhāre 1137 mīṅ hiṃsāyām 1138 rīṅ śravaṇe 1139 līṅ śleṣaṇe 1140 vrīṅ vṛṇotyarthe 1141 pīṅ pāne 1142 māṅ māne 1143 īṅ gatau 1144 prīṅ prītau 1145 śo tanūkaraṇe 1146 cho chedane 1147 ṣo antakarmaṇi 1148 do avakhaṇḍane 1149 janī prādurbhāve 1150 dīpī dīptau 1151 pūrī āpyāyane 1152 tūrī gatitvaraṇahiṃsanayoḥ 1153 dhūrī 1154 gūrī hiṃsāgatyoḥ 1155 ghūrī 1156 jūrī hiṃsāvayohānyoḥ 1157 śūrī hiṃsāstambhanayoḥ 1158 cūrī dāhe 1159 tapa aiśvarye vā 1160 vṛtu varaṇe 1161 kliśa upatāpe 1162 kāśṛ dīptau 1163 vāśṛ śabde 1164 mṛṣa titikṣāyām 1165 īśucir pūtībhāve । 1166 ṇaha bandhane 1167 rañja rāge 1168 śapa ākrośe 1169 pada gatau 1170 khida dainye 1171 vida sattāyām 1172 budha avagamane 1173 yudha samprahāre 1174 anorudha kāme 1175 aṇa prāṇane 1176 mana jñāne 1177 yuja samādhau 1178 sṛja visarge 1179 liśa alpībhāve 1180 rādho'karmakād vṛddhāveva 1181 vyadha tāḍane 1182 puṣa puṣṭau 1183 śuṣa śoṣaṇe 1184 tuṣa prītau 1185 duṣa vaikṛtye 1186 śliṣa āliṅgane 1187 śaka vibhāṣito marṣaṇe 1188 ṣvidā gātraprakṣaraṇe 1189 krudha krodhe 1190 kṣudha bubhukṣāyām 1191 śudha śauce 1192 ṣidhu saṃrāddhau 1193 radha hiṃsāsaṃrāddhyoḥ 1194 ṇaśa adarśane 1195 tṛpa prīṇane 1196 dṛpa harṣamohanayoḥ 1197 druha jighāṃsāyām 1198 muha vaicitye 1199 ṣṇuha udgiraṇe 1200 ṣṇiha prītau 1201 śamu upaśame 1202 tamu kāṅkṣāyām 1203 damu upaśame 1204 śramu tapasi khede ca 1205 bhramu anavasthāne 1206 kṣamū sahane 1207 klamu glānau 1208 madī harṣe 1209 asu kṣepaṇe 1210 yasu prayatne 1211 jasu mokṣaṇe 1212 tasu upakṣaye 1213 dasu ca 1214 vasu stambhe 1215 vyuṣa vibhāge 1216 pluṣa dāhe 1217 bisa preraṇe 1218 kusa saṃśleṣaṇe 1219 busa utsarge 1220 musa khaṇḍane 1221 masī pariṇāme 1222 luṭha (luṭa) viloḍane 1223 uca samavāye 1224 bhṛśu 1225 bhraṃśu adhaḥpatane 1226 vṛśa varaṇe 1227 kṛśa tanūkaraṇe 1228 ñitṛṣā pipāsāyām 1229 hṛṣa tuṣṭau 1230 ruṣa 1231 riṣa hiṃsāyām 1232 ḍipa kṣepe 1233 kupa krodhe 1234 gupa vyākulatve 1235 yupa 1236 rupa 1237 lupa vimohane 1238 lubha gārdhye 1239 kṣubha sañcalane 1240 ṇabha 1241 tubha hiṃsāyām 1242 klidū ārdrībhāve 1243 ñimidā snehane 1244 ñikṣvidā snehanamocanayoḥ 1245 ṛdhu vṛddhau 1246 gṛdhu abhikāṅkṣāyām

**5c**

1247 ṣuñ abhiṣave 1248 ṣiñ bandhane 1249 śiñ niśāne 1250 ḍumiñ prakṣepaṇe 1251 ciñ cayane 1252 stṛñ ācchādane 1253 kṛñ hiṃsāyām 1254 vṛñ varaṇe 1255 dhuñ kampane 1256 ṭudu upatāpe 1257 hi gatau vṛddhau ca 1258 pṛ prītau 1259 spṛ prītipālanayoḥ 1260 āpḷ vyāptau 1261 śakḷ śaktau 1262 rādha 1263 sādha saṃsiddhau 1264 aśū vyāptau saṅghāte ca 1265 ṣṭigha āskandane 1266 tika 1267 tiga gatau ca 1268 ṣagha hiṃsāyām 1269 ñidhṛṣā prāgalbhye 1270 dambhu dambhane 1271 ṛdhu vṛddhau 1272 aha vyāptau 1273 dagha ghātane pālane ca 1274 camu bhakṣaṇe 1275 ri 1276 kṣi 1277 ciri 1278 jiri 1279 dāśa 1280 dṛ hiṃsāyām

**6c**

1281 tuda vyathane 1282 ṇuda preraṇe 1283 diśa atisarjane 1284 bhrasja pāke 1285 kṣipa preraṇe 1286 kṛṣa vilekhane 1287 ṛṣī gatau 1288 juṣī prītisevanayoḥ 1289 ovijī bhayacalanayoḥ 1290 olajī 1291 olasjī vrīḍāyām 1292 ovraścū chedane 1293 vyaca vyājīkaraṇe 1294 uchi uñche 1295 uchī vivāse 1296 ṛcha gatīndriyapralayamūrtibhāveṣu 1297 micha utkleśe 1298 jarja 1299 carca 1300 jharjha paribhāṣaṇabhartsanayoḥ 1301 tvaca saṃvaraṇe 1302 ṛca stutau 1303 ubja ārjave 1304 ujjha utsarge 1305 lubha vimohane 1306 ripha katthanayuddhanindāhiṃsādāneṣu 1307 tṛpa 1308 tṛmpha tṛptau 1309 tupa 1310 tumpa 1311 tupha 1312 tumpha hiṃsāyām 1313 dṛpa 1314 dṛmpha utkleśe 1315 ṛpha 1316 ṛmpha hiṃsāyām 1317 gupha 1318 gumpha granthe 1319 ubha 1320 umbha pūraṇe 1321 śubha 1322 śumbha śobhārthe 1323 dṛbhī granthe 1324 cṛtī hiṃsāśranthanayoḥ 1325 vidha vidhāne 1326 juḍa gatau 1327 mṛḍa sukhane 1328 pṛḍa ca 1329 pṛṇa prīṇane 1330 vṛṇa ca 1331 mṛṇa hiṃsāyām 1332 tuṇa kauṭilye 1333 puṇa karmaṇi śubhe 1334 muṇa pratijñāne 1335 kuṇa śabdopakaraṇayoḥ 1336 śuna gatau 1337 druṇa hiṃsāgatikauṭilyeṣu 1338 ghuṇa 1339 ghūrṇa bhramaṇe 1340 ṣura aiśvaryadīptyoḥ 1341 kura śabde 1342 khura chedane 1343 mura saṃveṣṭane 1344 kṣura vilekhane 1345 ghura bhīmārthaśabdayoḥ 1346 pura agragamane 1347 vṛhū udyamane 1348 tṛhū 1349 stṛhū 1350 tṛṃhū hiṃsārthāḥ 1351 iṣa icchāyām 1352 miṣa spardhāyām 1353 kila śvaityakrīḍanayoḥ 1354 tila snehane 1355 cila vasane 1356 cala vilasane 1357 ila svapnakṣepaṇayoḥ 1358 vila saṃvaraṇe 1359 bila bhedane 1360 ṇila gahane 1361 hila bhāvakaraṇe 1362 śila 1363 ṣila uñche 1364 mila śleṣaṇe 1365 likha akṣaravinyāse 1366 kuṭa kauṭilye 1367 puṭa saṃśleṣaṇe 1368 kuca saṅkocane 1369 guja śabde 1370 guḍa rakṣāyām 1371 ḍipa kṣepe 1372 chura chedane 1373 sphuṭa vikasane 1374 muṭa ākṣepamardanayoḥ 1375 truṭa chedane 1376 tuṭa kalahakarmaṇi 1377 cuṭa 1378 chuṭa chedane 1379 juḍa bandhane 1380 kaḍa made 1381 luṭa saṃśleṣaṇe 1382 kṛḍa ghanatve 1383 kuḍa bālye 1384 puḍa utsarge 1385 ghuṭa pratighāte 1386 tuḍa toḍane 1387 thuḍa 1388 sthuḍa saṃvaraṇe 1389 sphura 1390 sphula sañcalane 1391 sphuḍa 1392 cuḍa 1393 vruḍa saṃvaraṇe 1394 kruḍa 1395 bhṛḍa nimajjana ityeke 1396 gurī udyamane 1397 ṇū stavane 1398 dhū vidhūnane 1399 gu purīṣotsarge 1400 dhru gatisthairyayoḥ 1401 kuṅ śabde 1402 pṛṅ vyāyāme 1403 mṛṅ prāṇatyāge 1404 ri 1405 pi gatau 1406 dhi dhāraṇe 1407 kṣi nivāsagatyoḥ 1408 ṣū preraṇe 1409 kṝ vikṣepe 1410 gṝ nigaraṇe 1411 dṛṅ ādare 1412 dhṛṅ avasthāne 1413 pracha jñīpsāyām 1414 sṛja visarge 1415 ṭumasjo śuddhau 1416 rujo bhaṅge 1417 bhujo kauṭilye 1418 chupa sparśe 1419 ruśa 1420 riśa hiṃsāyām 1421 liśa gatau 1422 spṛśa saṃsparśane 1423 vicha gatau 1424 viśa praveśane 1425 mṛśa āmarśane 1426 ṇuda preraṇe 1427 ṣadḷ viśaraṇagatyavasādaneṣu 1428 śadḷ śātane 1429 mila saṅgame 1430 mucḷ mokṣaṇe 1431 lupḷ chedane 1432 vidḷ lābhe 1433 lipa upadehe 1434 ṣica kṣaraṇe 1435 kṛtī chedane 1436 khida parighāte 1437 piśa avayave

**7c**

1438 rudhir āvaraṇe 1439 bhidir vidāraṇe 1440 chidir dvaidhīkaraṇe 1441 ricir virecane 1442 vicir pṛthagbhāve 1443 kṣudir sampeṣaṇe 1444 yujir yoge 1445 uchṛdir dīptidevanayoḥ 1446 utṛdir hiṃsā'nādarayoḥ 1447 kṛtī veṣṭane 1448 ñiindhī dīptau 1449 khida dainye 1450 vida vicāraṇe 1451 śiṣḷ viśeṣaṇe 1452 piṣḷ sañcūrṇane 1453 bhañjo āmardane 1454 bhuja pālanābhyavahārayoḥ 1455 tṛha 1456 hisi hiṃsāyām

1457 undī kledane 1458 añjū vyaktimrakṣaṇakāntigatiṣu 1459 tañcū saṅkocane 1460 ovijī bhayacalanayoḥ 1461 vṛjī varjane 1462 pṛcī samparke

**8c**

1463 tanu vistāre 1464 ṣaṇu dāne 1465 kṣaṇu hiṃsāyām 1466 kṣiṇu ca 1467 ṛṇu gatau 1468 tṛṇu adane 1469 ghṛṇu dīptau 1470 vanu yācane 1471 manu avabodhane 1472 ḍukṛñ karaṇe

**9c**

1473 ḍukrīñ dravyavinimaye 1474 prīñ tarpaṇe kāntau ca 1475 śrīñ pāke 1476 mīñ hiṃsāyām 1477 ṣiñ bandhane 1478 skuñ āpravaṇe 1479 yuñ bandhane 1480 knūñ śabde 1481 drūñ hiṃsāyām 1482 pūñ pavane 1483 lūñ chedane 1484 stṝñ ācchādane 1485 kṝñ hiṃsāyām 1486 vṝñ varaṇe 1487 dhūñ kampane 1488 śṝ hiṃsāyām 1489 pṝ pālanapūraṇayoḥ 1490 vṝ varaṇe 1491 bhṝ bhartsane 1492 mṝ hiṃsāyām 1493 dṝ vidāraṇe 1494 jṝ vayohānau 1495 nṝ naye 1496 kṝ hiṃsāyām 1497 ṝ gatau 1498 gṝ śabde 1499 jyā vayohānau 1500 rī gatireṣaṇayoḥ 1501 lī śleṣaṇe 1502 vlī varaṇe 1503 plī gatau 1504 vrī varaṇe 1505 bhrī bhaye 1506 kṣīṣ hiṃsāyām 1507 jñā avabodhane 1508 bandha bandhane 1509 vṛṅ sambhaktau 1510 śrantha vimocanapratiharṣayoḥ 1511 mantha viloḍane 1512 śrantha 1513 grantha sandarbhe 1514 kuntha saṃśleṣaṇe 1515 mṛda kṣode 1516 mṛḍa ca 1517 gudha roṣe 1518 kuṣa niṣkarṣe 1519 kṣubha sañcalane 1520 ṇabha 1521 tubha hiṃsāyām 1522 kliśū vibādhane 1523 aśa bhojane 1524 udhrasa uñche 1525 iṣa ābhīkṣṇye 1526 viṣa viprayoge 1527 pruṣa 1528 pluṣa snehanasevanapūraṇeṣu 1529 puṣa puṣṭau 1530 muṣa steye 1531 khaca bhūtaprādurbhāve 1532 heṭha ca 1533 graha upādāne

**10c**

1534 cura steye 1535 citi smṛtyām 1536 yatri saṅkocane 1537 sphuḍi parihāse 1538 lakṣa darśanāṅkanayoḥ 1539 kudri anṛtabhāṣaṇe 1540 laḍa upasevāyām 1541 midi snehane 1542 olaḍi utkṣepaṇe 1543 jala apavāraṇe 1544 pīḍa avagāhane 1545 naṭa avasyandane 1546 śratha prayatne 1547 badha saṃyamane 1548 pṝ pūraṇe 1549 ūrja balaprāṇanayoḥ 1550 pakṣa parigrahe 1551 varṇa 1552 cūrṇa preraṇe 1553 pratha prakhyāne 1554 pṛtha prakṣepe 1555 ṣamba sambandhane 1556 śamba ca 1557 bhakṣa adane 1558 kuṭṭa chedanabhartsanayoḥ 1559 puṭṭa 1560 cuṭṭa alpībhāve 1561 aṭṭa 1562 ṣuṭṭa anādare 1563 luṇṭha steye 1564 śaṭha 1565 śvaṭha asaṃskāragatyoḥ 1566 tuji 1567 piji hiṃsābalādānaniketaneṣu 1568 pisa gatau 1569 ṣāntva sāmaprayoge 1570 śvalka 1571 valka paribhāṣaṇe 1572 ṣṇiha snehane 1573 smiṭa anādare 1574 śliṣa śleṣaṇe 1575 pathi gatau 1576 picha kuṭṭane 1577 chadi saṃvaraṇe 1578 śraṇa dāne 1579 taḍa āghāte 1580 khaḍa 1581 khaḍi 1582 kaḍi bhedane 1583 kuḍi rakṣaṇe 1584 guḍi veṣṭane 1585 khuḍi khaṇḍane 1586 vaṭi vibhājane 1587 maḍi bhūṣāyāṃ harṣe ca 1588 bhaḍi kalyāṇe 1589 charda vamane 1590 pusta 1591 busta ādarānādarayoḥ 1592 cuda sañcodane 1593 nakka 1594 dhakka nāśane 1595 cakka 1596 cukka vyathane 1597 kṣala śaucakarmaṇi 1598 tala pratiṣṭhāyām 1599 tula unmāne 1600 dula utkṣepe 1601 pula mahattve 1602 cula samucchrāye 1603 mūla rohaṇe 1604 kala 1605 vila kṣepe 1606 bila bhedane 1607 tila snehane 1608 cala bhṛtau 1609 pāla rakṣaṇe 1610 lūṣa hiṃsāyām 1611 śulba māne 1612 śūrpa ca 1613 cuṭa chedane 1614 muṭa sañcūrṇane 1615 paḍi 1616 pasi nāśane 1617 vraja mārgasaṃskāragatyoḥ

1618 mārga saṃskāragatyoḥ I In Siddhanta Kaumudi this is listed as a separate Root. However in standard Dhatupathas, including Madhaviya Dhatuvritti it is not distinct. Already a distinct Root 1846 mārga anveṣaṇe is present in Dhatupatha. Here Root 1618 onwards Dhatu Serial Number differs by 1 from Siddhanta Kaumudi.

1618 śulka atisparśane 1619 capi gatyām 1620 kṣapi kṣāntyām 1621 chaji kṛcchrajīvane 1622 śvarta gatyām 1623 śvabhra ca 1624 jñapa jñānajñāpanamāraṇatoṣaṇaniśānaniśāmaneṣu 1625 yama ca pariveṣaṇe 1626 caha parikalkane 1627 raha tyāge 1628 bala prāṇane 1629 ciñ cayane 1630 ghaṭṭa calane 1631 musta saṅghāte 1632 khaṭṭa saṃvaraṇe 1633 ṣaṭṭa 1634 sphiṭṭa 1635 cubi hiṃsāyām 1636 pūla saṅghāte 1637 puṃsa abhivardhane 1638 ṭaki bandhane 1639 dhūsa kāntikaraṇe 1640 kīṭa varṇe 1641 cūrṇa saṅkocane 1642 pūja pūjāyām 1643 arka stavane 1644 śuṭha ālasye 1645 śuṭhi śoṣaṇe 1646 juḍa preraṇe 1647 gaja 1648 mārja śabdārthau 1649 marca ca 1650 ghṛ prasravaṇe 1651 paci vistāravacane 1652 tija niśāne 1653 kṝta saṃśabdane 1654 vardha chedanapūraṇayoḥ 1655 kubi ācchādane 1656 lubi 1657 tubi adarśane 1658 hlapa vyaktāyāṃ vāci 1659 cuṭi chedane 1660 ila preraṇe 1661 mrakṣa mlecchane 1662 mlecha avyaktāyāṃ vāci 1663 brūsa 1664 barha hiṃsāyām 1665 gurda pūrvaniketane 1666 jasi rakṣaṇe 1667 īḍa stutau 1668 jasu hiṃsāyām 1669 piḍi saṅghāte 1670 ruṣa roṣe 1671 ḍipa kṣepe 1672 ṣṭupa samucchrāye 1673 cita sañcetane 1674 daśi daṃśane 1675 dasi darśanadaṃśanayoḥ 1676 ḍapa 1677 ḍipa saṅghāte 1678 tatri kuṭumbadhāraṇe 1679 matri guptaparibhāṣaṇe 1680 spaśa grahaṇasaṃśleṣaṇayoḥ 1681 tarja 1682 bhartsa tarjane 1683 basta 1684 gandha ardane 1685 viṣka hiṃsāyām 1686 niṣka parimāṇe 1687 lala īpsāyām 1688 kūṇa saṅkoce 1689 tūṇa pūraṇe 1690 bhrūṇa āśāviśaṅkayoḥ 1691 śaṭha ślāghāyām 1692 yakṣa pūjāyām 1693 syama vitarke 1694 gūra udyamane 1695 śama 1696 lakṣa ālocane 1697 kutsa avakṣepaṇe 1698 truṭa chedane 1699 gala sravaṇe 1700 bhala ābhaṇḍane 1701 kūṭa āpradāne 1702 kuṭṭa pratāpane 1703 vañcu pralambhane 1704 vṛṣa śaktibandhane 1705 mada tṛptiyoge 1706 divu parikūjane 1707 gṛ vijñāne 1708 vida cetanākhyānanivāseṣu 1709 māna stambhe 1710 yu jugupsāyām 1711 kusma nāmno vā 1712 carca adhyayane 1713 bukka bhāṣaṇe 1714 śabda upasargādāviṣkāre ca 1715 kaṇa nimīlane 1716 jabhi nāśane 1717 ṣūda kṣaraṇe 1718 jasu tāḍane 1719 paśa bandhane 1720 ama roge 1721 caṭa 1722 sphuṭa bhedane 1723 ghaṭa saṅghāte 1724 divu mardane 1725 arja pratiyatne 1726 ghuṣir viśabdane 1727 āṅaḥkranda sātatye 1728 lasa śilpayoge 1729 tasi 1730 bhūṣa alaṅkaraṇe 1731 arha pūjāyām 1732 jñā niyoge 1733 bhaja viśrāṇane 1734 śṛdhu prasahane 1735 yata nikāropaskārayoḥ 1736 raka 1737 laga āsvādane 1738 añcu viśeṣaṇe 1739 ligi citrīkaraṇe 1740 muda saṃsarge 1741 trasa dhāraṇe 1742 udhrasa uñche 1743 muca pramocane modane ca 1744 vasa snehacchedāpaharaṇeṣu 1745 cara saṃśaye 1746 cyu sahane 1747 bhuvo'vakalkane 1748 kṛpeśca 1749 grasa grahaṇe 1750 puṣa dhāraṇe 1751 dala vidāraṇe 1752 paṭa 1753 puṭa 1754 luṭa 1755 tuji 1756 miji 1757 piji 1758 luji 1759 bhaji 1760 laghi 1761 trasi 1762 pisi 1763 kusi 1764 daśi 1765 kuśi 1766 ghaṭa 1767 ghaṭi 1768 bṛhi 1769 barha 1770 balha 1771 gupa 1772 dhūpa 1773 vicha 1774 cīva 1775 putha 1776 lokṛ 1777 locṛ 1778 ṇada 1779 kupa 1780 tarka 1781 vṛtu 1782 vṛdhu bhāṣārthāḥ 1783 ruṭa 1784 laji 1785 aji 1786 dasi 1787 bhṛśi 1788 ruśi 1789 śīka 1790 rusi 1791 naṭa 1792 puṭi 1793 ji 1794 ci 1795 raghi 1796 laghi 1797 ahi 1798 rahi 1799 mahi ca 1800 laḍi 1801 taḍa 1802 nala ca 1803 pūrī āpyāyane 1804 ruja hiṃsāyām 1805 ṣvada āsvādane 1806 yuja 1807 pṛca saṃyamane 1808 arca pūjāyām 1809 ṣaha marṣaṇe 1810 īra kṣepe 1811 lī dravīkaraṇe 1812 vṛjī varjane 1813 vṛñ āvaraṇe 1814 jṝ vayohānau 1815 jri ca 1816 rica viyojanasamparcanayoḥ 1817 śiṣa asarvopayoge 1818 tapa dāhe 1819 tṛpa tṛptau 1820 chṛdī sandīpane 1821 dṛbhī bhaye 1822 dṛbha sandarbhe 1823 śratha mokṣaṇe 1824 mī gatau 1825 grantha bandhane 1826 śīka āmarṣaṇe 1827 cīka ca 1828 arda hiṃsāyām 1829 hisi hiṃsāyām 1830 arha pūjāyām 1831 āṅaḥ ṣada padyarthe 1832 śundha śaucakarmaṇi 1833 chada apavāraṇe 1834 juṣa paritarkaṇe 1835 dhūñ kampane 1836 prīñ tarpaṇe 1837 śrantha 1838 grantha sandarbhe 1839 āpḷ lambhane 1840 tanu śraddhopakaraṇayoḥ 1841 vada sandeśavacane 1842 vaca paribhāṣaṇe 1843 māna pūjāyām 1844 bhū prāptau 1845 garha vinindane 1846 mārga anveṣaṇe 1847 kaṭhi śoke 1848 mṛjū śaucālaṅkaraṇayoḥ 1849 mṛṣa titikṣāyām 1850 dhṛṣa prasahane 1851 katha vākyaprabandhe 1852 vara īpsāyām 1853 gaṇa saṅkhyāne 1854 śaṭha 1855 śvaṭha samyagavabhāṣaṇe 1856 paṭa 1857 vaṭa granthe 1858 raha tyāge 1859 stana 1860 gadī devaśabde 1861 pata gatau vā 1862 paṣa anupasargāt 1863 svara ākṣepe 1864 raca pratiyatne 1865 kala gatau saṅkhyāne ca 1866 caha parikalkane 1867 maha pūjāyām 1868 sāra 1869 kṛpa 1870 śratha daurbalye 1871 spṛha īpsāyām 1872 bhāma krodhe 1873 sūca paiśunye 1874 kheṭa bhakṣaṇe 1875 kṣoṭa kṣepe 1876 goma upalepane 1877 kumāra krīḍāyām 1878 śīla upadhāraṇe 1879 sāma sāntvaprayoge 1880 vela kālopadeśe 1881 palpūla lavanapavanayoḥ 1882 vāta sukhasevanayoḥ 1883 gaveṣa mārgaṇe 1884 vāsa upasevāyām 1885 nivāsa ācchādane 1886 bhāja pṛthakkarmaṇi 1887 sabhāja prītidarśanayoḥ 1888 ūna parihāṇe 1889 dhvana śabde 1890 kūṭa paritāpe 1891 saṅketa 1892 grāma 1893 kuṇa 1894 guṇa cāmantraṇe 1895 keta śrāvaṇe nimantraṇe ca

In Siddhanta Kaumudi, Root keta śrāvaṇe is mentioned but not numbered. Hence from here Root 1896 onwards the Dhatu Serial Number in a standard Dhatupatha becomes the same as in Siddhanta Kaumudi.

1896 kūṇa saṅkocane'pi 1897 stena caurye 1898 pada gatau 1899 gṛha grahaṇe 1900 mṛga anveṣaṇe 1901 kuha vismāpane 1902 śūra 1903 vīra vikrāntau 1904 sthūla paribṛṃhaṇe 1905 artha upayācñāyām 1906 satra santānakriyāyām 1907 garva māne 1908 sūtra veṣṭane 1909 mūtra prasravaṇe 1910 rūkṣa pāruṣye 1911 pāra 1912 tīra karmasamāptau 1913 puṭa saṃsarge 1914 dheka darśana ityeke 1915 katra śaithilye 1916 baṣka darśane 1917 citra citrīkaraṇe 1918 aṃsa samāghāte 1919 vaṭa vibhājane 1920 laja prakāśane 1921 miśra samparke 1922 saṅgrāma yuddhe 1923 stoma ślāghāyām 1924 chidra karṇabhedane 1925 andha dṛṣṭyupaghāte 1926 daṇḍa daṇḍanipātane 1927 aṅka pade lakṣaṇe ca 1928 aṅga ca 1929 sukha 1930 duḥkha tatkriyāyām 1931 rasa āsvādanasnehanayoḥ 1932 vyaya vittasamutsarge 1933 rūpa rūpakriyāyām 1934 cheda dvaidhīkaraṇe 1935 chada apavāraṇe 1936 lābha preraṇe 1937 vraṇa gātravicūrṇane 1938 varṇa varṇakriyāvistāraguṇavacaneṣu 1939 parṇa haritabhāve 1940 viṣka darśane 1941 kṣipa preraṇe 1942 vasa nivāse 1943 tuttha āvaraṇe

------------End-----------

Roots different in Siddhanta Kaumudi (standard Dhatupatha).

660 तृक्ष् (त्रक्ष्) 800 श्नथ् (क्नथ्) 1222 लुठ् (लुट्) 1618 मार्ग (-)

## Ganasutras from the Dhatupatha

The Dhatupatha consists of two types of statements. The main statements or sutras name the Dhatus explicitly. So these are called Dhatu Sutras. The Dhatus are placed in ganas or groups (1c to 10c) for ease of deriving the Sarvadhatuka affixed Verbs and Nouns. There are 1943 explicit Dhatu Sutras according to the Kashika Vritti and also verified by Siddhanta Kaumudi. However the Root 1081 carkarītaṃ ca is a Ganasutra and not a Dhatusutra.

The other statements are called Ganasutras. There are the statements that qualify or give additional information for one or more Dhatus. Also, these statements give the information regarding the beginning of a gana and ending of a gana. Sometimes the same statement is referred to both as a Dhatusutra and a Ganasutra.

Ganasutra statements are listed here in the order of their appearance in the Dhatupatha of Panini.

| Gana | Applies to Dhatu | Ganasutra |
|---|---|---|
| 1c | 775 ñitvarā sambhrame । | ghaṭādayaḥ ṣitaḥ । |
| | 811 jñā māraṇatoṣaṇaniśāmaneṣu। | māraṇatoṣaṇaniśāmaneṣu jñā । |
| | 812 kampane caliḥ । | kampane caliḥ । |
| | 813 chadiḥ ūrjane । | chadiḥ ūrjane । |
| | 814 laḍiḥ jihvonmathane । | jihvonmathane laḍiḥ । |
| | 815 madī harṣaglepanayoḥ | madī harṣaglepanayoḥ । |
| | 816 dhvana śabde । | dhvana śabde । |
| | 548 dala 491 vala 544 skhala 445 raṇa 795 raṇa 816 dhvana 374 trapūṣ 913 kṣai | dali–vali–skhali–raṇi–dhvani–trapi–kṣapayaśca । |
| | 817 svana avataṃsane । | svana avataṃsane । |
| | Roots 763 ghaṭa ceṣṭāyām to 817 svana avataṃsane । | ghaṭādayo mitaḥ । |

| | | |
|---|---|---|
| | 442 kṣam 466 dram 470 cham 471 jam 472 jham 473 kram 826 syam 829 sam 830 stam 849 vam 850 bhram 853 ram 981 nam 982 gam 984 yam 1201 śam 1202 tam 1203 dam 1204 śram 1205 bhram 1206 kṣam 1207 klam | janījṝṣknasurañjo'mantāśca । |
| | 804 jval 805 hval 806 hmal (981 nam) | jvalahvalahmalanamāmanupa sargādvā । |
| | 903 glai 1052 ṣṇā 803 van 849 ṭuvam | glāsnāvanuvamāṃ ca । |
| | 443 kam 465 am 469 cam 1274 cam | na kamyamicamām । |
| | 818 śamo'darśane । | śamo'darśane । |
| | 819 yamo'pariveṣaṇe । | yamo'pariveṣaṇe । |
| | 820 skhadir avaparibhyāṃ ca । | skhadir avaparibhyāṃ ca । |
| | 821 phaṇa gatau । | phaṇa gatau । |
| | | |
| 2c | 1081 carkarītaṃ ca । Mono syllabic Roots in Dhatupatha that begin with a Consonant. | carkarītaṃ ca । |
| | This is actually a Ganasutra, however it has been numbered as a Dhatusutra. Hence even though the actual Root count in a standard Dhatupatha is 1942, the Dhatu Serial Number runs till 1943. This collects all Roots that will undergo yaṅ luk । | |
| | | |
| 3c | None | |
| | | |
| 4c | 1159 tapa aiśvarye vā । | tapa aiśvarye vā । |
| | 1160 vṛtu varaṇe । | vā vṛtu varaṇe । |
| | 1140 vrīṅ vṛṇotyarthe । | svādaya oditaḥ । |

| | | |
|---|---|---|
| | | |
| 5c | 6c 7c 8c 9c None | |
| | | |
| 10c | 1624 jñapa jñānajñāpanamāraṇa-toṣaṇaniśāna-niśāmaneṣu ı | jñapa micca ı |
| | 1629 ciñ cayane ı | nānye mito'hetau ı |
| | 1673 cita sañcetane ı | ākusmādātmanepadinaḥ ı |
| | 1724 divu mardane ı | hantyarthāśca ı |
| | 1747 bhuvo'vakalkane ı | bhuvo'vakalkane ı |
| | 1748 kṛpeśca ı | kṛpeśca ı |
| | 1749 grasa grahaṇe ı | āsvadaḥ sakarmakāt |
| | 1806 yuja saṃyamane ı | ādhṛṣādvā ı |
| | 1831 āṅaḥ ṣada padyarthe ı | āṅaḥ ṣadaḥ padyarthe ı |
| | 1851 katha vākyaprabandhe | athādantāḥ ı |
| | 1861 pata gatau vā ı | pata gatau vā ı vā ṇijantaḥ ı |
| | 1862 paṣa anupasargāt ı | paṣa anupasargāt ı |
| | 1898 pada gatau ı | ā garvādātmanepadinaḥ ı |
| | 1916 baṣka darśane ı | prātipadikāddhātvarthe bahulamiṣṭhavacca ı |
| | - | tatkaroti tadācaṣṭe ı |
| | - | tenātikrāmati ı |
| | - | dhāturūpaṃ ca ı |
| | - | kartṛkaraṇāddhātvarthe ı |
| | 1929 sukha tatkriyāyām ı | sukha duḥkha tatkriyāyām ı |
| | 1939 parṇa haritabhāve ı | bahulametannidarśanam ı |
| | 1943 tuttha āvaraṇe ı | **Last Dhatu of Dhatupatha** |
| | - | ṇiṅaṅgānnirasane ı |
| | - | śvetāśvāśvataragāloḍitāhvara kāṇāmaśvataretakalopaśca |
| | - | pucchādiṣu dhātvarthe ityeva siddham ı |
| Dhatupatha Ends | | |

# Sautra Dhatu

Some Dhatus are not listed in the Dhatupatha. However, these or their finished words are seen in the Ashtadhyayi and in Literature. Such a Dhatu is given the term sautra dhātuḥ i.e. from Sutrapatha.

<table>
<tr><th>SN</th><th>sautra Dhatu</th><th>Ashtadhyayi Sutra</th></tr>
<tr><td rowspan="2">1</td><td>ṛtiḥ ghṛṇāyām ।</td><td>3.1.29 ṛterīyaṅ ।</td></tr>
<tr><td colspan="2">ṛt । ṛtīyate । Conjugates as a 2c Root with śap luk । 3.1.31 āyādaya ārdhaddhātuke vā । This Root will take iyaṅ affix</td></tr>
<tr><td rowspan="2">2a<br>2b<br>2c<br>2d</td><td>stanbhuṁ̐ ,<br>stunbhuṁ̐ ,<br>skanbhuṁ̐ ,<br>skunbhuṁ̐</td><td>3.1.82 stanbhustunbhuskanbhu-skunbhuskañbhyaḥ śnuśca । Refer 387 skabhi pratibandhe । 1c</td></tr>
<tr><td colspan="2">stanbh stunbh skanbh skunbh rodhane । Conjugate as śnā 9c and śnu 5c both. E.g. stanbh + śnā + ti → stabhnāti । stanbh + śnu + ti → stabhnoti । Both forms.</td></tr>
<tr><td>3</td><td>sātiḥ sukhe।<br>sātayati ।</td><td>3.1.138 anupasargāllimpavindadhāripārived yudejicetisātisāhibhyaśca ।</td></tr>
<tr><td rowspan="2">4</td><td>ju vegitāyāṃ gatau ।<br>javati ।</td><td>3.2.150 jucaṅkramyadandramyasṛgṛdhi-jvalaśucalaṣapatapadaḥ ।</td></tr>
<tr><td>ju vegitāyāṃ gatau ।<br>jūtiḥ ।</td><td>3.3.97 ūtiyūtijūtisātihetikīrtayaśca ।</td></tr>
<tr><td>5</td><td>viribdha ,<br>virebhitamanyat।<br>rabhiṃ sautraṃ dhātuṃ।</td><td>7.2.18 kṣubdhasvāntadhvānta-lagnamliṣṭaviribdhaphāṇṭabāḍhāni manthamanastamaḥsaktāvispaṣṭasv arānāyāsabhṛśeṣu ।</td></tr>
<tr><td>6</td><td>tu gativṛddhihiṃsāsu<br>tu । tauti ।</td><td>7.3.95 turustuśamyamaḥ sārvadhātuke ।<br>Refer 1034 ru śabde । 2c</td></tr>
<tr><td>7</td><td>tu gativṛddhihiṃsāsu<br>tu । tauti ।</td><td>1048 vī gativyāptiprajanakāntyasanakhādan eṣu ।</td></tr>
</table>

| | This 2c Root includes two Roots i.e. vī and ī । Thus Root ī is considered praśliṣṭa । sautra । ī । eti । |
|---|---|

# Root Characteristics

## Internal Grouping of Roots

As we know, the Dhatupatha of Panini is divided into 10 Groups so that there is an ease in using Sarvadhatuka Affixes. Within these ganas, there is sometimes an internal sub-grouping to indicate that such Roots behave similarly. gaṇaḥ and antargaṇaḥ । Not all Roots fall under any internal group. Some Roots fall under more than one internal group. The Reference to the internal group is mentioned, it may be a Sutra from the Ashtadhyayi, a Vartika, or a Ganasutra from the Dhatupatha.

| Gana | from Dhatu | to Dhatu | Internal Group | Ashtadhyayi Sutra / Ganasutra |
|---|---|---|---|---|
| 1c | 741 dyuta | 762 kṛpū | dyutādiḥ | 1.3.91 dyudbhyo luṅi । |
| 1c | 758 vṛtu | 762 kṛpū | vṛtādiḥ | 1.3.92 vṛdbhyaḥ syasanoḥ । |
| 1c | 763 ghaṭa | 775 ñitvarā | ghaṭādiḥ | 3.3.104 ṣidbhidādibhyo'ṅ । Ganasutra ghaṭādayaḥ ṣitaḥ । |
| 1c | 763 ghaṭa | 821 phaṇa | ghaṭādiḥ | 6.4.92 mitāṃ hrasvaḥ। Ganasutra ghaṭādayo mitaḥ । |
| 1c | 821 phaṇa | 827 svana | phaṇādiḥ | 6.4.125 phaṇāṃ ca saptānām । |
| 1c | 831 jvala | 860 kasa | jvalādiḥ | 3.1.140 jvalitikasantebhyo ṇaḥ |

| | | | | |
|---|---|---|---|---|
| 1c | 1002 yaja | 1010 ṭuośvi | yajādiḥ | 6.1.15 vacisvapiyajādīnām kiti |
| | | | | |
| 2c | 1067 rudir | 1071 jakṣa | rudādiḥ | 7.2.76 rudādibhyaḥ sārvadhātuke । |
| | 1071 jakṣa | 1077 vevīṅ | jakṣādiḥ | 6.1.6 jakṣityādayaḥ ṣaṭ |
| | | | | |
| 3c | 1093 ṇijir | 1095 viṣḷ | ṇijādiḥ | 7.4.75 ṇijāṃ trayāṇāṃ guṇaḥ ślau |
| | 1087 ḍubhṛñ | 1089 ohāṅ | bhṛñādiḥ | 7.4.76 bhṛñāmit । |
| | | | | |
| 4c | 1132 ṣūṅ | 1140 vrīṅ | svādiḥ | Ganasutra svādaya oditaḥ |
| | 1145 śo | 1148 do | śyādiḥ | 7.3.71 otaḥ śyani । |
| | 1182 puṣa | 1246 gṛdhu | puṣādiḥ | 3.1.55 puṣādidyutādyḷditaḥ parasmaipadeṣu । |
| | 1193 radha | 1200 ṣṇiha | radhādiḥ | 7.2.45 radhādibhyaśca । |
| | 1201 śamu | 1208 madī | śamādiḥ | 7.3.74 śamāmaṣṭānāṃ dīrghaḥ śyani । |
| | | | | |
| 6c | 1308 tṛmpha | 1322 śumbha | tṛmphādiḥ | 6.4.24 aniditāṃ hala upadhāyāḥ kṅiti । Vartika śe tṛmphādīnāṃ num vācyaḥ । |
| | 1366 kuṭa | 1401 kuṅ | kuṭādiḥ | 1.2.1 gāṅkuṭādibhyo'ñṇinṅ it । |
| | 1409 kṝ | 1413 pracha | kirādiḥ | 7.2.75 kiraśca pañcabhyaḥ kiraśca pañcabhyaḥ । |

| | | | | |
|---|---|---|---|---|
| | 1430 mucḷ | 1437 piśa | mucādiḥ | 7.1.59 śe mucādīnām |
| | | | | |
| 8c | 1463 tanu | 1471 manu | tanotyādiḥ | 6.4.37 anudāttopadeśavanat itanotyādīnāmanunās ikalopo jhali kṅiti ı (except 1464 ṣaṇu ṣaṇu since 6.4.42 applies) |
| | | | | |
| 9c | 1482 pūñ | 1503 plī | pvādayaḥ | 7.3.80 pvādīnāṃ hrasvaḥ ı |
| 9c | 1483 lūñ | 1503 plī | lvādayaḥ | 8.2.44 lvādibhyaḥ ı |
| | | | | |
| 10c | 1624 jñapa | 1629 ciñ | jñapādayaḥ | Ganasutra jñapa miccaı nānye mito'hetau ı |
| 10c | 1673 cita | 1711 kusma | ākusmīyāḥ | Ganasutra ākusmādātmanepadi naḥ ı |
| 10c | 1749 grasa | 1805 ṣvada | āsvadīyāḥ | Ganasutra āsvadaḥ sakarmakāt ı |
| 10c | 1806 yuja | 1850 dhṛṣa | ādhṛṣīyāḥ (yujādayaḥ) | Ganasutra ādhṛṣādvā ı |
| 10c | 1851 katha | 1943 tuttha | kathādayaḥ | Ganasutra athādantāḥ ı |
| 10c | 1898 pada | 1907 garva | āgarvīyāḥ | Ganasutra āgarvādātmanepadi naḥ |
| 10c | 1916 baṣka | 1943 tuttha | nāmadhāta vaḥ | Ganasutra prātipadikāddhātvar the bahulamiṣṭhavacca |

3.3.104 ṣidbhidādibhyo'ṅ । Roots having the Tag letter ṣakāraḥ and Roots listed in the Ganapatha under bhidādiḥ take the aṅ afffix in the feminine, when the Karaka is not kartā and when used in bhāve.

- i.e. from Dhatupatha the Roots 374 trapūṣ 442 kṣamūṣ 1130 jṝṣ 1131 jhṝṣ 1506 kṣīṣ and
- from Ganapatha the Noun Stems bhidā chidā vidā kṣipā guhā śraddhā medhā godhā ārā hārā kārā kṣiyā tārā dhārā lekhā rekhā cūḍā pīḍā vapā vasā sṛjā kṛpā । A Ganasutra from the Kashika Vritti "krapeḥ samprasāraṇaṃ ca" clarifies that kṛpā is from Root 771 krapa (and not from 762 kṛpū ).

## Roots prefixed with Upasarga in Dhatupatha

Some Roots are seen prefixed with an Upasarga, i.e. their use without Upasarga is rare.

629 āṅaḥ śasi icchāyām । śaṃs । āṅ pūrvakaḥ । āśaṃsate ।
1022 āṅaḥ śāsu icchāyām । śās । āṅ pūrvakaḥ । āśāsate ।
1074 ano rudha kāme । rudh । anu pūrvakaḥ । anurudhyate ।
1727 āṅaḥ kranda sātatye । krand । āṅ pūrvakaḥ । ākrandayati-te ।
1831 āṅaḥ ṣada padyarthe । sad । āṅ pūrvakaḥ । āsādayati-te ।

# Root Initial Letter in Original Enunciation ṣ / ṇ

## upadeśaḥ

### ṣopadeśaḥ Roots with initial ṣakārah 85 Roots

18 ṣvada svad 25 ṣūda sūd 47 ṣidha sidh 48 ṣidhū sidh 100 ṣvaṣka ṣvaṣk 163 ṣaca sac 175 ṣṭuca stuc 202 ṣasja sasj 225 ṣarja sarj 304 ṣiṭa siṭ 313 ṣaṭa saṭ 364 ṣṭipṛ stip 365 ṣṭepṛ step 386 ṣṭabhi stambh 394 ṣṭubhu stubh 400 ṣapa sap 424 ṣarba sarb 430 ṣṛbhu sṛbh 431 ṣṛmbhu sṛmbh 461 ṣṭana stan 464 ṣaṇa san 501 ṣevṛ sev 547 ṣala sal 560 ṣṭhivu ṣṭhiv 586 ṣarva sarv 661 ṣṭrakṣa strakṣ 782 ṣṭaka stak 789 ṣage sag 790 ṣṭage stag 829 ṣama sam 830 ṣṭama stam 836 ṣṭhala sthal 852 ṣaha sah 854 ṣadḷ sad 911 ṣṭyai styai 915 ṣai sai 922 ṣṭai stai 923 ṣṇai snai 928 ṣṭhā sthā 941 ṣu su 948 ṣmiṅ smi 976 ṣvañja svañj 987 ṣañja sañj 997 ṣaca sac 1031 ṣūṅ sū 1038 ṣṇu snu 1041 ṣu su 1043 ṣṭuñ stu 1052 ṣṇā snā 1078 ṣasa sas 1079 ṣasti saṃst 1108 ṣivu siv 1110 ṣṭhivu ṣṭhiv 1111 ṣṇusu snus 1112 ṣṇasu snas 1124 ṣṭima stim 1125 ṣṭīma stīm 1128 ṣaha sah 1129 ṣuha suh 1132 ṣūṅ sū 1147 ṣo so 1188 ṣvidā svid 1192 ṣidhu sidh1199 ṣṇuha snuh 1200 ṣṇiha snih 1247 ṣuñ su 1248 ṣiñ si 1265 ṣṭigha stigh 1268 ṣagha sagh 1340 ṣura sur 1363 ṣila sil 1408 ṣū sū 1427 ṣadḷ sad 1434 ṣica sic 1464 ṣaṇu san 1477 ṣiñ si 1555 ṣamba samb 1562 ṣuṭṭa suṭṭ 1569 ṣāntva sāntv 1572 ṣṇiha snih 1633 ṣaṭṭa saṭṭ 1672 ṣṭupa stup 1717 ṣūda sūd 1805 ṣvada svad 1809 ṣaha sah

### ṇopadeśaḥ Roots with initial ṇakārah 35 Roots

54 ṇada nad 66 ṇidi nind 134 ṇakha nakh 135 ṇakhi naṅkh 310 ṇaṭa naṭ 480 ṇaya nay 522 ṇīla nīl 566 ṇīva nīv 590 ṇivi ninv 617 ṇeṣṛ neṣ 625 ṇāsṛ nās 627 ṇasa nas 659 ṇikṣa nikṣ 662 ṇakṣa nakṣ 722 ṇiśa niś 752 ṇabha nabh 781 ṇaṭa naṭ 838 ṇala nal 871 ṇidṛ nid 872 ṇedṛ ned 901 ṇīñ nī 981 ṇama nam 1025 ṇisi niṃs 1026 ṇiji niñj 1035 ṇu nu 1093 ṇijir nij 1166 ṇaha nah 1194 ṇaśa naś 1240 ṇabha nabh 1282 ṇuda nud 1360 ṇila nil 1397 ṇū nū 1426 ṇuda nud 1520 ṇabha nabh 1778 ṇada nad

# Root Accent Mark in Original Enunciation

svaraḥ = udāttaḥ / anudāttaḥ / svaritaḥ

These Accents are actually Tag marks that get dropped after their purpose is served.

udāttopadeśaḥ Roots with Udatta Accent i.e. no marking. This will primarily specify the Root to be Parasmaipada.

anudāttopadeśaḥ Roots with Anudatta Accent i.e. horizontal bar below. 1.3.12 anudāttaṅita ātmanepadam । Anudata Accent on Tag Vowel (not Root Vowel) or ṅit Root i.e. with ṅ Tag letter means Root will be Atmanepada. E.g. 1021 आसँ॒ ās Atmanepada Root.
A Karika states that Root with Anudata Accent on Root Vowel means it is aniṭ Root. E.g. 1011 अ॒दँ ad aniṭ Root.

Examples of Accents and Tags and their Effect.

| | | | | | |
|---|---|---|---|---|---|
| 1011 | अ॒दँ | अ॒द् अँ | P | aniṭ | Anudata Accent on Root Vowel → aniṭ |
| 1017 | च॒क्षिँ॒ङ् | च॒क्ष् इँ॒ङ् | A | aniṭ | Anudata Accent on Root Vowel → aniṭ<br>Anudata Accent on Tag Vowel→ A<br>(Also ṅ Tag → A) |
| 1021 | आसँ॒ | आस् अँ॒ | A | seṭ | Anudata Accent on Tag Vowel→ A |
| 1039 | ऊर्णुञ् | ऊर्णु ञ् | U | seṭ | ñ Tag → U |
| 1046 | इ॒ङ् | इ॒ ङ् | A | aniṭ | Anudata Accent on Root Vowel → aniṭ<br>ṅ Tag → A |
| 1015 | दि॒हँ॑ | दि॒ह् अँ॑ | U | aniṭ | Anudata Accent on Root Vowel → aniṭ<br>Svarita Accent on Tag Vowel → U |

svaritopadeśaḥ Roots with Svarita Accent i.e. vertical bar on top. 1.3.72 svaritañitaḥ kartrabhiprāye kriyāphale । Svarita Accent on Tag Vowel causes Root to be Ubhayepada, or ñit Root i.e. with ñ Tag means Root will be Ubhayepada.

Some Roots are explicitly stated to be Ubhayepada without any marking or by Ashtadhyayi Sutra. 10c Roots become Ubhayepada due to secondary Root ṇic affix).

1c 601 धावुँ॑ 822 राजृँ॑ 861 हिक्कँ॑ 862 अञ्चुँ॑ 863 टुयाचृँ॑ 864 रेटृँ॑ 865 चतेँ॑ 866 चदेँ॑ 867 प्रोथृँ॑ 868 मिदृँ॑ 869 मेदृँ॑ 870 मेधृँ॑ 871 णिदृँ॑ 872 णेदृँ॑ 873 शृधुँ॑ 874 मृधुँ॑ 875 बुधिँर् 876 उबुन्दिँर् 877 वेणृँ॑ 878 खनुँ॑ 879 चीवृँ॑ 880 चायृँ॑ 881 व्ययँ॑ 882 दाशृँ॑ 883 भेषृँ॑ 884 भ्रेषृँ॑ 885 भ्लेषृँ॑ 886 असँ॑ 887 स्पशँ॑ 888 लषँ॑ 889 चषँ॑ 890 छषँ॑ 891 झषँ॑ 892 भ्रक्षँ॑ 893 भ्लक्षँ॑ 894 दासृँ॑ 895 माहृँ॑ 896 गुहूँ॑ 994 दानँ॑ 995 शानँ॑ 996 डुपचँष् 997 षचँ॑ 998 भजँ॑ 999 रञ्जँ॑ 1000 शपँ॑ 1001 त्विषँ॑ 1002 यजँ॑ 1003 डुवपँ॑ 1004 वहँ॑ 1093 णिजिँर्

3c 1094 विजिँर् 1095 विषॢँ॑

4c 1164 मृषँ॑ 1165 ईशुचिँर् 1166 णहँ॑ 1167 रञ्जँ॑ 1168 शपँ॑

6c 1281 तुदँ॑ 1282 णुदँ॑ 1283 दिशँ॑ 1284 भ्रस्जँ॑ 1285 क्षिपँ॑ 1286 कृषँ॑ 1429 मिलँ॑ 1430 मुचॢँ॑ 1431 लुपॢँ॑ 1432 विदॢँ॑ 1433 लिपँ॑ 1434 षिचँ॑

7c 1438 रुधिँर् 1439 भिदिँर् 1440 छिदिँर् 1441 रिचिँर् 1442 विचिँर् 1443 क्षुदिँर् 1444 युजिँर् 1445 उछृदिँर् 1446 उतृदिँर्

8c 1463 तनुँ॑ 1464 षणुँ॑ 1465 क्षणुँ॑ 1466 क्षिणुँ॑ 1467ऋणुँ॑ 1468 तृणुँ॑ 1469 घृणुँ॑

9c 1533 ग्रहँ॑

## Root Tag letter = it saṃjñā = anubandhaḥ

From Standard Dhatupatha of Panini. Count of these Roots will be less than 1943 since not all Roots are marked with a Tag.

| Dhatu Tag Letters and their Relevance from Ashtadhyayi | | |
|---|---|---|
| Tag Letter | | Ashtadhyayi Sutra |
| aṁ̐ | adit | This Tag is primarily given as a *simple cap*, to be opened only during usage. |
| āṁ̐ | ādit | 7.2.16 āditaśca । iti niṣṭhāyām iṭ niṣedhaḥ । Augment *iṭ* is prevented for Nishtha Affixes |
| | ādit | 7.2.17 vibhāṣā bhāvādikarmaṇoḥ । niṣṭhāyām iṭ vibhāṣā । Augment iṭ is Optional for Nishtha Affix kta used in Impersonal sense or to indicate beginning of Action |
| iṁ̐ | idit | 7.1.58 idito num dhātoḥ । iti dhātoḥ num āgamaḥ । Such Roots will get num Augment that changes to appropriate nasal by 8.3.24 naścāpadāntasya jhali and 8.4.58 anusvārasya yayi parasavarṇaḥ |
| iṁ̐r | irit | 3.1.57 irito vā । Vartika ira it saṃjñā vācyā । cleḥ aṅ vā । Optionally cli gets replaced by aṅ for luṅ Aorist Past Tense affix |
| īṁ̐ | īdit | 7.2.14 śvi–īdito niṣṭhāyām । niṣṭhāyām iṭ abhāvaḥ । Augment iṭ is prevented for Nishtha Affixes |
| uṁ̐ | udit | 7.2.56 udito vā । ktvāyām iṭ vikalpaḥ । Optional Augment iṭ for ktvā Affixes |

| | | |
|---|---|---|
| | udit | 7.2.15 yasya vibhāṣā । *niṣṭhāyām iṭ abhāvaḥ* । Augment iṭ is prevented for Nishtha Affixes in matters where iṭ is Optional |
| ūm̐ | ūdit | 7.2.44 svaratisūtisūyatidhūñ–ūdito vā । valādeḥ ārdhadhātukasya iṭ vikalpaḥ । Optional Augment iṭ for vakāraḥ beginning Ardhadhatuka Affixes |
| ṛm̐ | ṛdit | 7.4.2 nāglopiśāsv–ṛditām । ṇau caṅi upadhāyāḥ hrasva abhāvaḥ । Penultimate Letter of such Angas does not become hrasvaḥ |
| ḷm̐ | ḷdit | 3.1.55 puṣādidyutādy–ḷditaḥ parasmaipadeṣu । cleḥ aṅ । cli gets replaced by aṅ for luṅ Aorist Past Tense |
| em̐ | edit | 7.2.5 hmyantakṣaṇaśvasajāgṛṇiśvi–editām । iṭ ādau sici vṛddhi abhāvaḥ । Prevention of vṛddhiḥ for sic Affixes having iṭ Augment |
| om̐ | odit | 8.2.45 oditaśca । niṣṭhātasya natvam । Nishtha takāraḥ gets replaced by nakāraḥ |
| | odit | 4c Ganasutra svādaya oditaḥ । niṣṭhātasya natvam । Nishtha takāraḥ gets replaced by nakāraḥ |
| k | kit | No connected Sutra. Roots 2c 1047 ik , 3c 1090 ohāk |
| ṅ | ṅit | 1.3.12 anudātta–ṅita ātmanepadam । ātmanepaditvam । Atmanepada Affixes for such Roots |

| | | |
|---|---|---|
| ñ | ñit | 1.3.72 svarita–ñitaḥ kartrabhiprāye kriyāphale । ubhayapaditvam । Ubhayepada – Both Parasmaipada & Atmanepada Affixes for such Roots |
| ñi | ñīt | 3.2.187 ñītaḥ ktaḥ । vartamāne ktaḥ । Nishtha Affix kta gets applied in the sense of Present Tense. (By default kta is only in the sense of Past Tense). |
| ṭ | ṭit | 4.1.15 ṭiḍḍhāṇañdvayasajdaghnañmātractayapṭhakṭh añkañkvarapaḥ । strīyām ṅīp । In Feminine sense, Affix ṅīp gets applied. Root – 1c 902 dheṭ |
| ṭu | ṭvit | 3.3.89 ṭvito'thuc । athuc । Affix athuc gets applied |
| ḍu | ḍvit | 3.3.88 ḍvitaḥ ktriḥ । ktri (mam ca, 4.4.20) । Affix ktri gets applied |
| ṇ | ṇit | 7.3.78 pāghrādhmāsthāmnādāṇdṛśyartisartti-śadasadāṃ pibajighradhamatiṣṭhamana-yacchapaśyarcchadhauśīyasīdāḥ । yaccha । Root 1c 930 dāṇ gets replaced by yaccha, when facing śit Affix. Notice that by 1.1.20 dādhā ghvadāp dāṇ is ghu saṃjñā । Also see Root 2c 1045 iṇ |
| m | mit | 6.4.92 mitāṃ hrasvaḥ । ṇau upadhāyā hrasvaḥ । When such Root faces ṇic affix, penultimate letter of Root takes Short Vowel |
| p | pit | 1.1.20 dādhā ghu–adāp । Definition ghu does not include 1059 dāp । Also see Root 924 daip |

| | | |
|---|---|---|
| ṣ | ṣit | 3.3.104 ṣit–bhidādibhyo'ṅ । aṅ । In Feminine sense, Affix aṅ gets applied |

Notes

Roots having multiple Tags ā–ñi, ḍu-ṣ etc. simply get a combination of above procedures. E.g. 975 ḍupacaṣ pāke

Difference between Initial initial and Final Tag? No functional difference. It is just a mathematical beauty of Panini's programming.

e.g. Root 1010 टुओँश्वि , the Tag ओँ has been placed before the Root whereas in 1415 टुमस्जोँ it is at end. Both apply 8.2.45 oditaśca । niṣṭhātasya natvam । Thus śūnaḥ , magnaḥ ।

Tag ङ् ṅ causes Root to be Atmanepada. Also Anudata Accent on Root Vowel causes Root to be Atmanepada.

Tag ञ् ñ causes Root to be Ubhayepada. Also Svarita Accent on Root Vowel causes Root to be Ubhayepada.

# Legend for Tagged and Accented Roots Index

**Indexed on Root ready for Conjugation, without Tag.**

| Root without Tag IAST transliterated | Root with Tag & Accent | P / A / U | St / At / Vt | T / I / D | Dhatu Serial No |
|---|---|---|---|---|---|
| aṃs | अंस | U | St | I | 1918 |

**P/A/U** where P = Parasmaipada, A = Atmanepada, U = Ubhayepada
**St/At/Vt** where St = Seṭ सेट् , At = Anit अनिट् , Vt = Vet वेट्
**T/I/D** where T=Transitive स॰ , I = Intransitive अ॰ , D=dual Object द्वि॰
**Dhatu Serial No** = as given in a standard Dhatupatha or the Siddhanta Kaumudi.

<u>Notes</u>:
Root with Tag and Accent is in **Devanagari**.
P* = Root may take Atmanepada affixes in certain cases.
A* = Root may take Parasmaipada affixes in certain cases.
T* = Verb may behave Intransitive in certain cases.

The Dhatupatha consists of

- Dhatus
- Dhatusutras qualifying the Dhatus (accent marks, tags, etc)
- Ganasutras giving additional information of few Dhatus

Ashtadhyayi Sutras that specify meaning of Root Tag letters

| | |
|---|---|
| 1.3.12 | anudāttaṅita ātmanepadam । Anudatta accent on Root vowel **or** ङ् ṅ Tag letter, specifies that Root will take Atmanepada Affixes. |
| 1.3.72 | svaritañitaḥ kartrabhiprāye kriyāphale । Svarita accent on Root vowel **or** ञ् ñ Tag letter, specifies that Root will take Ubhayepada Affixes. |
| 7.2.10 | ekāca upadeśe'nudāttāt । In original enunciation, after dropping Tags, that Root is aniṭ which<br>• Is Monosyllabic<br>• Has Anudata Accent on Root Vowel. |

Additionally, ancient grammarians have written **Karikas** to explicitly state whether a Dhatu is aniṭ or seṭ । Let us see the Karika from Kashika Vritti under Sutra 7.2.10. It will apply to Roots of 1c - 9c only. (10c Roots are all seṭ सेट् by default).

aniṭsvarānto bhavatīti dṛśyatām imāṃstu seṭaḥ pravadanti tadvidaḥ । adantamṝdantamṛtāṃ ca vṛṅvṛñau śviḍīṅivarṇeṣvatha śīṅśriñāvapi ॥ 1 ॥ gaṇasthamūdantamutāṃ ca rusnuvau kṣuvaṃ tathorṇotimatho yuṇukṣṇavaḥ । iti svarāntā nipuṇaṃ samuccitāḥ tato halantānapi sannibodhataḥ ॥ 2 ॥ Thus the Accents for vowel ending Roots, and we shall now see consonant ending Roots.

śakistu kānteṣvaniḍeka iṣyate ghasiśca sānteṣu vasiḥ prasāraṇī । rabhistu bhānteṣvatha maithune yabhistatastṛtīyo labhireva netare ॥ 3 ॥ yamiryamanteṣvaniḍeka iṣyate ramiśca yaśca śyani paṭhyate maniḥ ।

namiścaturtho hanireva pañcamo gamiśca ṣaṣṭhaḥ pratiṣedhavācinām ॥ 4 ॥ dihirduhirmehatirohatī vahirnahistu ṣaṣṭho dahatistathā lihiḥ । ime'niṭo'ṣṭāviha muktasaṃśayā gaṇeṣu hāntāḥ pravibhajya kīrtitāḥ ॥5॥ diśiṃ dṛśiṃ daṃśimatho mṛśiṃ spṛśiṃ riśiṃ ruśiṃ krośatimaṣṭamaṃ viśim । liśaṃ ca śāntānaniṭaḥ purāṇagāḥ paṭhanti pāṭheṣu daśaiva netarān ॥ 6 ॥ rudhiḥ sarādhiryudhibandhisādhayaḥ krudhikṣudhī śudhyatibudhyatī vyadhiḥ । ime tu dhāntā daśa ye'niṭo matāstataḥ paraṃ sidhyatireva netare ॥ 7 ॥ śiṣiṃ piṣiṃ śuṣyatipuṣyatī tviṣiṃ viṣiṃ śliṣiṃ tuṣyatiduṣyatī dviṣim । imān daśaivopadiśantyaniḍvidhau gaṇeṣu ṣāntān kṛṣikarṣatī tathā ॥ 8 ॥ tapiṃ tipiṃ cāpimatho vapiṃ svapiṃ lipiṃ lupiṃ tṛpyatidṛpyatī sṛpim । svareṇa nīcena śapiṃ chupiṃ kṣipiṃ pratīhi pāntān paṭhitāṃstrayodaśa ॥ 9 ॥ adiṃ hadiṃ skandibhidicchidikṣudīn śadiṃ sadiṃ svidyatipadyatī khidim । tudiṃ nudiṃ vidyati vinta ityapi pratīhi dāntāndaśa pañca cāniṭaḥ ॥ 10 ॥ paciṃ vaciṃ viciricirañji-pṛcchatīn nijiṃ sijiṃ mucibhajibhañjibhṛjjatīn । tyajiṃ yajiṃ yujirujisañjimajjatīn bhujiṃ svajiṃ sṛjimṛji viddhyaniṭsvarān ॥ 11 ॥

<u>General Rule for Monosyllabic Roots, after dropping Tags</u>

*aniṭ svaraḥ antaḥ bhavati iti dṛśyatām , imāṃstu seṭaḥ pravadanti tat vidaḥ* । Know that Vowel ending Roots are aniṭ । The Rest are seṭ ।

<u>Exceptions to the General Rule.</u>

*adantam-ṝdantam , ṛtāṃ ca , vṛṅa-vṛñau , śvi-ḍīṅ ivarṇeṣvatha śīṅ śriñ api* ॥ However Roots ending in a ṝ are seṭ ।

Roots ending in ṛ are aniṭ except 1509 vṛṅ 1254 vṛñ ।

Roots ending in i are aniṭ except the Roots 1010 śvi 897 śriñ ।

Roots ending in ī are aniṭ except 968 ḍīṅ 1135 ḍīṅ 1032 śīṅ ।

*gaṇastham ūdantam , utāṃ ca ru-snuvau kṣu-vantatha-ūrṇotimatho yu-ṇu-kṣṇavaḥ* / Roots ending in ū are seṭ

Roots ending in u are aniṭ except 1034 ru 1038 snu 1036 kṣu 1039 ūrṇu 1033 yu 1035 ṇu 1037 kṣṇu । (Here polysyllabic Root 1039 ūrṇu is mentioned for secondary Root affix yaṅ ).

# Tagged and Accented Roots Index

- candrabindu on vowel specifies vowel is **Tag** and to be dropped
- anudatta on Tag vowel specifies that Root is **Atmanepada**. Else, ङ् ṅ Tag letter specifies root is **Atmanepada**
- anudatta on Root vowel specifies that Root is **अनिट्** aniṭ
- svarita on Tag vowel specifies that Root is **Ubhayepada**. Else, ञ् ñ Tag letter specifies root is Ubhayepada
- 10c roots mentioned with **Svarita** accent means that option शप् śap also conjugates in both P and A

| | | | | | | | | | | | |
|---|---|---|---|---|---|---|---|---|---|---|---|
| aṃs | अंस | U | St | I | 1918 | aṇṭh | अठिँ | A | St | T | 261 |
| aṃh | अहिँ | A | St | T | 635 | at | अतँ | P | St | T | 38 |
| aṃh | अहिँ | U | St | T | 1797 | ad | अदँ | P | At | T | 1011 |
| ak | अकँ | P | St | I | 792 | an | अनँ | P | St | I | 1070 |
| akṣ | अक्षूँ | P | Vt | T | 654 | ant | अतिँ | P | St | T | 61 |
| ag | अगँ | P | St | I | 793 | and | अदिँ | P | St | T | 62 |
| aṅk | अकिँ | A | St | T | 87 | andh | अन्ध | U | St | T | 1925 |
| aṅk | अङ्क | U | St | T | 1927 | abhr | अभ्रँ | P | St | T | 556 |
| aṅg | अगिँ | P | St | T | 146 | am | अमँ | P | St | T | 465 |
| aṅg | अङ्ग | U | St | T | 1928 | am | अमँ | U | St | T | 1720 |
| aṅgh | अघिँ | A | St | I | 109 | amb | अबिँ | A | St | I | 378 |
| aj | अजँ | P | St | T | 230 | ay | अयँ | A | St | T | 474 |
| añc | अञ्चुँ | P | St | T | 188 | ark | अर्कँ | U | St | T | 1643 |
| añc | अञ्चुँ | U | St | T | 862 | arc | अर्चँ | P | St | T | 204 |
| añc | अञ्चुँ | U | St | T | 1738 | arc | अर्चँ | U | St | T | 1808 |
| añj | अजिँ | U | St | T | 1785 | arj | अर्जँ | P | St | T | 224 |
| añj | अञ्जूँ | P | Vt | T | 1458 | arj | अर्जँ | U | St | T | 1725 |
| aṭ | अटँ | P | St | T | 295 | arth | अर्थ | A | St | T | 1905 |
| aṭṭ | अट्टँ | A | St | T | 254 | ard | अर्दँ | P | St | T* | 55 |
| aṭṭ | अट्टँ | U | St | T | 1561 | ard | अर्दँ | U | St | T | 1828 |
| aḍ | अडँ | P | St | T | 358 | arb | अर्बँ | P | St | T | 415 |
| aḍḍ | अड्डँ | P | St | T | 348 | arv | अर्वँ | P | St | T | 584 |
| aṇ | अणँ | P | St | T | 444 | arh | अर्हँ | P | St | T | 740 |
| aṇ | अणँ | A | St | I | 1175 | arh | अर्हँ | U | St | T | 1731 |

10c Roots with Serial No 1851 to 1943 are कथादयः अदन्ताः having अ in end, अग्लोपी that drop the अकारः, hence these are listed without candrabindu. E.g. 1918 aṃs अंस

| | | | | | |
|---|---|---|---|---|---|
| arh | अर्हँ | U | St | T | 1830 |
| al | अलँ | P* | St | T | 515 |
| av | अवँ | P | St | T | 600 |
| aś | अशँ | P | St | T | 1523 |
| aś | अशूँ॒ | A | Vt | T | 1264 |
| as | असँ | U | St | T | 886 |
| as | असँ | P | St | I | 1065 |
| as | असुँ | P | St | T | 1209 |
| ah | अहँ | P | St | T | 1272 |
| āñch | आछिँ | P | St | T | 209 |
| āp | आपॢँ॒ | P | At | T | 1260 |
| āp | आपॢँ | U | St | T | 1839 |
| ās | आसँ॒ | A | St | I | 1021 |
| i | इ॒ण् | P | At | T | 1045 |
| i | इ॒ङ् | A | At | T | 1046 |
| i | इ॒क् | P | At | T | 1047 |
| ikh | इखँ | P | St | T | 140 |
| iṅkh | इखिँ | P | St | T | 141 |
| iṅg | इगिँ | P | St | T | 153 |
| iṭ | इटँ | P | St | T | 318 |
| ind | इदिँ | P | St | I | 63 |
| indh | ञिइन्धीँ॒ | A | St | I | 1448 |
| inv | इविँ | P | St | T | 587 |
| il | इलँ | P | St | T | 1357 |
| il | इलँ | U | St | T | 1660 |
| iṣ | इषँ | P | St | T | 1127 |
| iṣ | इषँ | P | St | T | 1351 |
| iṣ | इषँ | P | St | T | 1525 |
| ī | ई॒ङ् | A | At | T | 1143 |
| īkṣ | ईक्षँ॒ | A | St | T | 610 |
| īṅkh | ईखिँ | P | St | T | 142 |
| īj | ईजँ॒ | A | St | T | 182 |
| īḍ | ईडँ॒ | A | St | T | 1019 |
| īḍ | ईडँ | U | St | T | 1667 |
| īr | ईरँ॒ | A | St | T | 1018 |
| īr | ईरँ | U | St | T | 1810 |
| īrkṣy | ईर्क्ष्यँ | P | St | I | 510 |
| īrṣy | ईर्ष्यँ | P | St | I | 511 |
| īś | ईशँ॒ | A | St | I | 1020 |
| īṣ | ईषँ॒ | A | St | T | 611 |
| īṣ | ईषँ | P | St | T | 684 |
| īh | ईहँ॒ | A | St | I | 632 |
| u | उ॒ङ् | A | At | I | 953 |
| ukṣ | उक्षँ | P | St | T | 657 |
| ukh | उखँ | P | St | T | 128 |
| uṅkh | उखिँ | P | St | T | 129 |
| uc | उचँ | P | St | I | 1223 |
| ucch | उछीँ | P | St | T | 216 |

Note: 1351 iṣ इषँ । इषुँ । केचित् उदितं पठन्ति Some consider it with उँ Tag.

| | | | | | |
|---|---|---|---|---|---|
| ucch | उछीँ | P | St | T | 1295 |
| ujjh | उज्झँ | P | St | T | 1304 |
| uñch | उछिँ | P | St | T | 215 |
| uñch | उछिँ | P | St | T | 1294 |
| uṭh | उठँ | P | St | T | 338 |
| udhras | उध्रसँ | U | St | T | 1742 |
| und | उन्दीँ | P | St | T | 1457 |
| ubj | उब्जँ | P | St | I | 1303 |
| ubh | उभँ | P | St | T | 1319 |
| umbh | उम्भँ | P | St | T | 1320 |
| urd | उर्दँ॒ | A | St | I | 20 |
| urv | उर्वीँ | P | St | T | 569 |
| uṣ | उषँ | P | St | T | 696 |
| uh | उहिँर् | P | St | T | 739 |
| ūn | ऊन | U | St | T | 1888 |
| ūy | ऊयीँ॒ | A | St | T | 483 |
| ūrj | ऊर्जँ | U | St | I | 1549 |
| ūrṇu | ऊर्णुञ् | U | St | T | 1039 |
| ūṣ | ऊषँ | P | St | T | 683 |
| ūh | ऊहँ॒ | A | St | T | 648 |
| ṛ | ऋ॒ | P | At | T | 936 |
| ṛ | ऋ॒ | P | At | T | 1098 |
| ṛc | ऋचँ | P | St | T | 1302 |
| ṛcch | ऋछँ | P | St | I | 1296 |
| ṛj | ऋजँ॒ | A | St | T | 176 |
| ṛñj | ऋजिँ॒ | A | St | T | 177 |
| ṛṇ | ऋणुँ | U | St | T | 1467 |
| ṛdh | ऋधुँ | P | St | I | 1245 |
| ṛdh | ऋधुँ | P | St | I* | 1271 |
| ṛph | ऋफँ | P | St | T | 1315 |
| ṛmph | ऋम्फँ | P | St | T | 1316 |
| ṛṣ | ऋषीँ | P | St | T | 1287 |
| ṝ | ॠ | P | St | T | 1497 |
| ej | एजृँ॒ | A | St | I | 179 |
| ej | एजृँ | P | St | I | 234 |
| eṭh | एठँ॒ | A | St | T | 267 |
| edh | एधँ॒ | A | St | I | 2 |
| eṣ | एषृँ॒ | A | St | T | 618 |
| okh | ओखृँ | P | St | T | 121 |
| oṇ | ओणृँ | P | St | T | 454 |
| olaṇḍ | ओलडिँ | U | St | T | 1542 |
| kaṃs | कसिँ॒ | A | St | T | 1024 |
| kak | ककँ॒ | A | St | I | 90 |
| kakh | कखँ | P | St | I | 120 |
| kakh | कखेँ | P | St | I | 784 |
| kag | कगेँ | P | St | T | 791 |
| kaṅk | ककिँ॒ | A | St | T | 94 |
| kac | कचँ॒ | A | St | T | 168 |

| | | | | | |
|---|---|---|---|---|---|
| kañc | कचिँ | A | St | T* | 169 |
| kaṭ | कटेँ | P | St | T | 294 |
| kaṭ | कटीँ | P | St | T | 320 |
| kaṭh | कठँ | P | St | I | 333 |
| kaḍ | कडँ | P | St | I | 360 |
| kaḍ | कडँ | P | St | T | 1380 |
| kaḍḍ | कड्डँ | P | St | I | 349 |
| kaṇ | कणँ | P | St | I | 449 |
| kaṇ | कणँ | P | St | I | 794 |
| kaṇ | कणँ | U | St | T | 1715 |
| kaṇṭh | कठिँ | A | St | T | 264 |
| kaṇṭh | कठि | U | St | I | 1847 |
| kaṇḍ | कडिँ | A | St | I | 282 |
| kaṇḍ | कडि | U | St | T | 1582 |
| katth | कत्थँ | A | St | T | 37 |
| katr | कत्र | U | St | I | 1915 |
| kath | कथ | U | St | T | 1851 |
| kan | कनीँ | P | St | I | 460 |
| kand | कदिँ | P | St | T* | 70 |
| kand | कदिँ | A | St | I | 772 |
| kab | कबृँ | A | St | I | 380 |
| kam | कमुँ | A | St | T | 443 |
| kamp | कपिँ | A | St | I | 375 |
| karj | कर्जँ | P | St | T | 228 |
| kard | कर्दँ | P | St | I | 59 |
| karb | कर्बँ | P | St | T | 420 |
| karv | कर्वँ | P | St | I | 581 |
| kal | कलँ | A | St | I | 497 |
| kal | कलँ | U | St | T | 1604 |
| kal | कल | U | St | T | 1865 |
| kall | कल्लँ | A | St | T | 498 |
| kaṣ | कषँ | P | St | T | 685 |
| kas | कसँ | P | St | T | 860 |
| kāṅkṣ | काक्षिँ | P | St | T | 667 |
| kāñc | काचिँ | A | St | T* | 170 |
| kāś | काशृँ | A | St | I | 647 |
| kāś | काशृँ | A | St | I | 1162 |
| kās | कासृँ | A | St | I | 623 |
| ki | कि | P | At | T | 1101 |
| kiṭ | किटँ | P | St | I | 301 |
| kiṭ | किटँ | P | St | I | 319 |
| kit | कितँ | P | St | T | 993 |
| kil | किलँ | P | St | I | 1353 |
| kīṭ | कीटँ | U | St | T | 1640 |
| kīl | कीलँ | P | St | T | 524 |
| ku | कुङ् | A | At | I | 951 |
| ku | कु | P | At | I | 1042 |
| ku | कुङ् | A | At | I | 1401 |

| | | | | | |
|---|---|---|---|---|---|
| kuṃś | कुशिँ | U | St | T | 1765 |
| kuṃs | कुसिँ | U | St | T | 1763 |
| kuk | कुकँ॒ | A | St | T | 91 |
| kuc | कुचँ | P | St | T | 184 |
| kuc | कुचँ | P | St | T | 857 |
| kuc | कुचँ | P | St | T | 1368 |
| kuj | कुजुँ | P | St | T | 199 |
| kuñc | कुञ्चँ | P | St | I | 185 |
| kuṭ | कुटँ | P | St | I | 1366 |
| kuṭṭ | कुट्टँ | U | St | T | 1558 |
| kuṭṭ | कुट्टँ॒ | A | St | T | 1702 |
| kuḍ | कुडँ | P | St | I | 1383 |
| kuṇ | कुणँ | P | St | I | 1335 |
| kuṇ | कुण | U | St | T | 1893 |
| kuṇṭh | कुठिँ | P | St | T | 342 |
| kuṇḍ | कुडिँ॒ | A | St | T | 270 |
| kuṇḍ | कुडिँ | P | St | I | 322 |
| kuṇḍ | कुडिँ | U | St | T | 1583 |
| kuts | कुत्सँ॒ | A | St | T | 1697 |
| kuth | कुथँ | P | St | I | 1118 |
| kunth | कुथिँ | P | St | T | 43 |
| kunth | कुन्थँ | P | St | T | 1514 |
| kundr | कुद्रिँ | U | St | T | 1539 |
| kup | कुपँ | P | St | I | 1233 |
| kup | कुपँ | U | St | T | 1779 |
| kumār | कुमार | U | St | T | 1877 |
| kumb | कुबिँ | P | St | T | 426 |
| kumb | कुबिँ | U | St | T | 1655 |
| kur | कुरँ | P | St | I | 1341 |
| kurd | कुर्दँ॒ | A | St | I | 21 |
| kul | कुलँ | P | St | I | 842 |
| kuṣ | कुषँ | P | St | T | 1518 |
| kus | कुसँ | P | St | T | 1218 |
| kusm | कुस्मँ | A | St | I | 1711 |
| kuh | कुह | A | St | T | 1901 |
| kūj | कूजँ | P | St | I | 223 |
| kūṭ | कूटँ॒ | A | St | T | 1701 |
| kūṭ | कूट | U | St | I | 1890 |
| kūṭ | कूणँ॒ | A | St | T | 1688 |
| kūṇ | कूण | U | St | T | 1896 |
| kūl | कूलँ | P | St | T | 525 |
| kṛ | कृञ् | U | At | T | 1253 |
| kṛ | डुकृञ् | U | At | T | 1472 |
| kṛḍ | कृडँ | P | St | I | 1382 |
| kṛt | कृतीँ | P | St | T | 1435 |
| kṛt | कृतीँ | P | St | T | 1447 |
| kṛnv | कृविँ | P | St | T | 598 |
| kṛp | कृप | U | St | I | 1869 |

| | | | | | |
|---|---|---|---|---|---|
| kṛp | कृपूँ | A* | Vt | I | 762 |
| kṛś | कृशँ | P | St | T | 1227 |
| kṛṣ | कृषँ | P | At | D | 990 |
| kṛṣ | कृषँ | U | At | T | 1286 |
| kṝ | कॄ | P | St | T | 1409 |
| kṝ | कॄञ् | U | St | T | 1485 |
| kṝ | कॄ | P | St | T | 1496 |
| kṝt | कॄतँ | U | St | T | 1653 |
| kḷp | कृपँ | U | St | I | 1748 |
| ket | केत | U | St | T | 1895 |
| kep | केपृँ | A | St | I | 368 |
| kel | केलृँ | P | St | I | 537 |
| kai | कै | P | At | I | 916 |
| knath | क्नथँ | P | St | T | 800 |
| knas | क्नसुँ | P | St | I | 1113 |
| knū | क्नूञ् | U | St | I | 1480 |
| knūy | क्नूयीँ | A | St | T | 485 |
| kmar | क्मरँ | P | St | I | 555 |
| krath | क्रथँ | P | St | T | 801 |
| krand | क्रदिँ | P | St | T* | 71 |
| krand | क्रदिँ | A | St | I | 773 |
| krand | आङः क्रन्दँ | U | St | I | 1727 |
| krap | क्रपँ | A | St | T | 771 |
| kram | क्रमुँ | P* | St* | T | 473 |
| krī | डुक्रीञ् | U | At | T | 1473 |
| krīḍ | क्रीडृँ | P | St | I | 350 |
| kruñc | क्रुञ्चँ | P | St | I | 186 |
| kruḍ | क्रुडँ | P | St | I | 1394 |
| krudh | क्रुधँ | P | At | I | 1189 |
| kruś | क्रुशँ | P | At | T | 856 |
| klath | क्लथँ | P | St | T | 802 |
| kland | क्लदिँ | P | St | T* | 72 |
| kland | क्लदिँ | A | St | I | 774 |
| klam | क्लमुँ | P | St | I | 1207 |
| klid | क्लिदूँ | P | Vt | I | 1242 |
| klind | क्लिदिँ | A | St | I | 15 |
| klind | क्लिदिँ | P | St | T | 73 |
| kliś | क्लिशँ | A | St | I | 1161 |
| kliś | क्लिशूँ | P | Vt | I* | 1522 |
| klīb | क्लीबृँ | A | St | I | 381 |
| kleś | क्लेशँ | A | St | T | 607 |
| kvaṇ | क्वणँ | P | St | I | 450 |
| kvath | क्वथेँ | P | St | I | 846 |
| kṣañj | क्षजिँ | A | St | T | 769 |
| kṣaṇ | क्षणुँ | U | St | T | 1465 |
| kṣam | क्षमूँष् | A | Vt | T | 442 |
| kṣam | क्षमूँ | P | Vt | T | 1206 |
| kṣamp | क्षपिँ | U | St | T | 1620 |

Note: 1748 kḷp कृपँ क्लृप् । By 8.2.18 कृपो रो लः it behaves as kḷp

| | | | | | | | | | | | |
|---|---|---|---|---|---|---|---|---|---|---|---|
| kṣar | क्षरँ | P | St | I | 851 | kṣmāy | क्ष्मायीँ | A | St | T | 486 |
| kṣal | क्षलँ | U | St | T | 1597 | kṣmīl | क्ष्मीलँ | P | St | I | 520 |
| kṣi | क्षि | P | At | I* | 236 | kṣvid | क्ष्विदाँ | P | St | I | 1244 |
| kṣi | क्षि | P | At | T | 1276 | kṣvel | क्ष्वेलृँ | P | St | I | 539 |
| kṣi | क्षि | P | At | T | 1407 | khac | खचँ | P | St | I | 1531 |
| kṣiṇ | क्षिणुँ | U | St | T | 1466 | khaj | खजँ | P | St | T | 232 |
| kṣip | क्षिपँ | P | At | T | 1121 | khañj | खजिँ | P | St | I | 233 |
| kṣip | क्षिपँ | U | At | T | 1285 | khaṭ | खटँ | P | St | T | 309 |
| kṣip | क्षिप | U | St | I | 1941 | khaṭṭ | खट्टँ | U | St | T | 1632 |
| kṣī | क्षीष् | P | At | T | 1506 | khaḍ | खडँ | U | St | T | 1580 |
| kṣīj | क्षीजँ | P | St | I | 237 | khaṇḍ | खडिँ | A | St | T | 283 |
| kṣīb | क्षीबृँ | A | St | I | 382 | khaṇḍ | खडि | U | St | T | 1581 |
| kṣīv | क्षीवुँ | P | St | T | 567 | khad | खदँ | P | St | T* | 50 |
| kṣu | टुक्षु | P | St | I | 1036 | khan | खनुँ | U | St | T | 878 |
| kṣud | क्षुदिँर् | U | At | T | 1443 | kharj | खर्जँ | P | St | T | 229 |
| kṣudh | क्षुधँ | P | At | I | 1190 | khard | खर्दँ | P | St | T | 60 |
| kṣubh | क्षुभँ | A* | St | I | 751 | kharb | खर्बँ | P | St | T | 421 |
| kṣubh | क्षुभँ | P | St | I | 1239 | kharv | खर्वँ | P | St | I | 582 |
| kṣubh | क्षुभँ | P | St | I | 1519 | khal | खलँ | P | St | T | 545 |
| kṣur | क्षुरँ | P | St | T | 1344 | khaṣ | खषँ | P | St | T | 686 |
| kṣev | क्षेवुँ | P | St | T | 568 | khād | खादृँ | P | St | T | 49 |
| kṣai | क्षै | P | At | I | 913 | khiṭ | खिटँ | P | St | I | 302 |
| kṣoṭ | क्षोट | U | St | T | 1875 | khid | खिदँ | A | At | I | 1170 |
| kṣṇu | क्ष्णु | P | St | T | 1037 | khid | खिदँ | P | At | T | 1436 |

| | | | | | | | | | | | |
|---|---|---|---|---|---|---|---|---|---|---|---|
| khid | खि॒द॒ँ | A | At | I | 1449 | garb | गर्बँ॑ | P | St | T | 422 |
| khuj | खुजुँ | P | St | T | 200 | garv | गर्वँ॑ | P | St | I | 583 |
| khuṇḍ | खुडिँ | U | St | T | 1585 | garv | गर्व | A | St | I | 1907 |
| khur | खुरँ | P | St | T | 1342 | garh | गर्ह॒ँ॑ | A | St | T | 636 |
| khurd | खुर्द॒ँ॑ | A | St | I | 22 | garh | गर्हँ॑ | U | St | T | 1845 |
| kheṭ | खेट | U | St | T | 1874 | gal | गलँ | P | St | T | 546 |
| khel | खेलृँ | P | St | I | 538 | gal | गल॒ँ | A | St | I | 1699 |
| khai | खै॒ | P | At | T | 912 | galbh | गल्भ॒ँ | A | St | I | 392 |
| khor | खोर्ऋँ॑ | P | St | I | 552 | galh | गल्ह॒ँ | A | St | T | 637 |
| khol | खोलृँ | P | St | I | 551 | gaveṣ | गवेष | U | St | T | 1883 |
| khyā | ख्या॒ | P | At | T | 1060 | gā | गा॒ङ् | A | At | T | 950 |
| gaj | गजँ | P | St | I | 246 | gā | गा॒ | P | At | T | 1106 |
| gaj | गजँ | U | St | I | 1647 | gādh | गाधृँ | A | St | T* | 4 |
| gañj | गजिँ | P | St | I | 247 | gāh | गाहू॒ँ | A | Vt | T | 649 |
| gaḍ | गडँ | P | St | T | 777 | gu | गु॒ङ् | A | At | I | 949 |
| gaṇ | गण | U | St | T | 1853 | gu | गु॒ | P | At | I | 1399 |
| gaṇḍ | गडिँ | P | St | I | 65 | guj | गुजँ | P | St | I | 1369 |
| gaṇḍ | गडिँ | P | St | I | 361 | guñj | गुजिँ | P | St | I | 203 |
| gad | गदँ | P | St | T | 52 | guḍ | गुडँ | P | St | T | 1370 |
| gad | गदी | U | St | T | 1860 | guṇ | गुण | U | St | T | 1894 |
| gandh | गन्ध॒ँ | A | St | T | 1684 | guṇḍ | गुडिँ | U | St | T | 1584 |
| gam | ग॒मॢँ | P | At | T | 982 | gud | गुद॒ँ | A | St | I | 24 |
| garj | गर्जँ॑ | P | St | I | 226 | gudh | गुधँ | P | St | T | 1120 |
| gard | गर्दँ॑ | P | St | I | 57 | gudh | गुधँ | P | St | I | 1517 |

Note: 1860 gad गदी Here the ई is not a Tag, but for enunciation. Hence no candrabindu.

| | | | | | | | | | | | |
|---|---|---|---|---|---|---|---|---|---|---|---|
| gup | गुपँ॒ | A | St | T | 970 | geṣ | गेषृँ | A | St | T | 614 |
| gup | गुपँ | P | St | I | 1234 | gai | गै॒ | P | At | I | 917 |
| gup | गुपँ | U | St | T | 1771 | gom | गोम | U | St | T | 1876 |
| gup | गुपूँ | P | Vt | T | 395 | goṣṭ | गोष्टँ॒ | A | St | I | 257 |
| guph | गुफँ | P | St | T | 1317 | granth | ग्रथिँ॒ | A | St | I | 36 |
| gumph | गुम्फँ | P | St | T | 1318 | granth | ग्रन्थँ | P | St | T | 1513 |
| gur | गुरीँ॒ | A | St | I | 1396 | granth | ग्रन्थँ | U | St | T | 1825 |
| gurd | गुर्दँ॒ | A | St | I | 23 | granth | ग्रन्थँ | U | St | T | 1838 |
| gurd | गुर्दँ | U | St | I | 1665 | gras | ग्रसुँ | A | St | T | 630 |
| gurv | गुर्वीँ | P | St | I | 574 | gras | ग्रसँ | U | St | T | 1749 |
| guh | गुहूँ॑ | U | Vt | T | 896 | grah | ग्रहँ॑ | U | St | T | 1533 |
| gūr | गूरीँ॒ | A | St | T | 1154 | grām | ग्राम | U | St | T | 1892 |
| gūr | गूरँ | A | St | T | 1694 | gruc | ग्रुचुँ | P | St | T | 197 |
| gr̥ | गृ | P | At | T | 937 | glas | ग्लसुँ | A | St | T | 631 |
| gr̥ | गृ | A | St | T | 1707 | glah | ग्लहँ॒ | A | St | T | 651 |
| gr̥j | गृजँ | P | St | I | 248 | gluc | ग्लुचुँ | P | St | T | 198 |
| gr̥ñj | गृजिँ | P | St | I | 249 | gluñc | ग्लुञ्चुँ | P | St | T | 201 |
| gr̥dh | गृधुँ | P | St | T | 1246 | glep | ग्लेपृँ | A | St | T | 366 |
| gr̥h | गृह | A | St | T | 1899 | glep | ग्लेपृँ | A | St | T | 370 |
| gr̥h | गृहूँ॒ | A | Vt | T | 650 | glev | ग्लेवृँ | A | St | T | 503 |
| gr̥̄ | गॄ | P | St | T | 1410 | glai | ग्लै॒ | P | At | I | 903 |
| gr̥̄ | गॄ | P | St | I | 1498 | ghagh | घघँ | P | St | T | 159 |
| gep | गेपृँ | A | St | T | 369 | ghaṭ | घटँ॒ | A | St | I | 763 |
| gev | गेवृँ | A | St | T | 502 | ghaṭ | घटँ | U | St | T | 1723 |

| | | | | | |
|---|---|---|---|---|---|
| ghaṭ | घटँ | U | St | T | 1766 |
| ghaṭṭ | घट्टँ | A | St | I | 259 |
| ghaṭṭ | घट्टँ | U | St | I | 1630 |
| ghaṇṭ | घटिँ | U | St | T | 1767 |
| ghas | घसॢँ | P | At | T | 715 |
| ghiṇṇ | घिणिँ | A | St | T | 434 |
| ghu | घुङ् | A | At | I | 952 |
| ghuṃṣ | घुषिँ | A | St | T | 652 |
| ghuṭ | घुटँ | A* | St | T | 746 |
| ghuṭ | घुटँ | P | St | T | 1385 |
| ghuṇ | घुणँ | A | St | I | 437 |
| ghuṇ | घुणँ | P | St | I | 1338 |
| ghuṇṇ | घुणिँ | A | St | T | 435 |
| ghur | घुरँ | P | St | I | 1345 |
| ghuṣ | घुषिँर् | P | St | T | 653 |
| ghuṣ | घुषिँर् | U | St | T | 1726 |
| ghūr | घूरीँ | A | St | T | 1155 |
| ghūrṇ | घूर्णँ | A | St | I | 438 |
| ghūrṇ | घूर्णँ | P | St | I | 1339 |
| ghṛ | घृ | P | At | T | 938 |
| ghṛ | घृ | P | At | T | 1096 |
| ghṛ | घृ | U | St | T | 1650 |
| ghṛṇ | घृणुँ | U | St | T | 1469 |
| ghṛṇṇ | घृणिँ | A | St | T | 436 |
| ghṛṣ | घृषुँ | P | St | T | 708 |
| ghrā | घ्रा | P | At | T | 926 |
| ṅu | ङुङ् | A | At | T | 954 |
| cakās | चकासृँ | P | St | I | 1074 |
| cak | चकँ | A | St | T* | 93 |
| cak | चकँ | P | St | I | 783 |
| cakk | चक्कँ | U | St | T | 1595 |
| cakṣ | चक्षिङ् | A* | St* | T | 1017 |
| cañc | चञ्चुँ | P | St | T | 190 |
| caṭ | चटँ | U | St | T | 1721 |
| caṇ | चणँ | P | St | T | 796 |
| caṇḍ | चडिँ | A | St | I | 278 |
| cat | चतेँ | U | St | T | 865 |
| cad | चदेँ | U | St | T | 866 |
| cand | चदिँ | P | St | T* | 68 |
| cap | चपँ | P | St | T | 399 |
| cam | चमुँ | P | St | T | 469 |
| cam | चमुँ | P | St | T | 1274 |
| camp | चपिँ | U | St | T | 1619 |
| cay | चयँ | A | St | T | 478 |
| car | चरँ | P | St | T | 559 |
| car | चरँ | U | St | T | 1745 |
| carkarītaṃ ca | चर्करीतं च | | | | 1081 |
| carc | चर्चँ | P | St | T | 717 |

Note: 1017 cakṣ चक्षिङ् Here the इ is not a Tag, but given for enunciation. Hence no candrabindu. Anudatta is explicitly mentioned.

1081 carkarītaṃ ca चर्करीतं च is a Ganasutra and not a Root.

| | | | | | | | | | | | |
|---|---|---|---|---|---|---|---|---|---|---|---|
| carc | चर्चँ | P | St | T | 1299 | cīk | चीकँ | U | St | T | 1827 |
| carc | चर्चँ | U | St | T | 1712 | cībh | चीभृँ | A | St | T | 384 |
| carb | चर्बँ | P | St | T | 425 | cīv | चीवृँ॑ | U | St | T | 879 |
| carv | चर्वँ | P | St | T | 579 | cīv | चीवँ | U | St | T | 1774 |
| cal | चलिः | P | St | I | 812 | cukk | चुक्कँ | U | St | T | 1596 |
| cal | चलँ | P | St | I | 832 | cuṭ | चुटँ | P | St | T | 1377 |
| cal | चलँ | P | St | I | 1356 | cuṭ | चुटँ | U | St | T | 1613 |
| cal | चलँ | U | St | I | 1608 | cuṭṭ | चुट्टँ | U | St | I | 1560 |
| caṣ | चषँ॑ | U | St | T | 889 | cuḍ | चुडँ | P | St | T | 1392 |
| cah | चहँ | P | St | I | 729 | cuḍḍ | चुड्डँ | P | St | I | 347 |
| cah | चहँ | U | St | T | 1626 | cuṇṭ | चुटिँ | U | St | T | 1659 |
| cah | चह | U | St | I | 1866 | cuṇḍ | चुडिँ | P | St | I | 325 |
| cāy | चायृँ॑ | U | St | T | 880 | cud | चुदँ | U | St | T* | 1592 |
| ci | चि॒ञ् | U | At | D | 1251 | cup | चुपँ | P | St | I | 403 |
| ci | चिञ् | U | St | D | 1629 | cumb | चुबिँ | P | St | T | 429 |
| ci | चि | U | St | T | 1794 | cumb | चुबिँ | U | St | T | 1635 |
| ciṭ | चिटँ | P | St | I | 315 | cur | चुरँ | U | St | T | 1534 |
| cit | चितीँ | P | St | I | 39 | cul | चुलँ | U | St | T | 1602 |
| cit | चितँ॒ | A | St | T | 1673 | cull | चुल्लँ | P | St | I | 531 |
| citr | चित्र | U | St | T | 1917 | cūr | चूरीँ॒ | A | St | T | 1158 |
| cint | चितिँ | U | St | T | 1535 | cūrṇ | चूर्णँ | U | St | T | 1552 |
| ciri | चिरि | P | St | T | 1277 | cūrṇ | चूर्णँ | U | St | T | 1641 |
| cil | चिलँ | P | St | T | 1355 | cūṣ | चूषँ | P | St | T | 673 |
| cill | चिल्लँ | P | St | I | 533 | cṛt | चृतीँ | P | St | T | 1324 |

Note: 812 cal चलिः Here the इ is not a Tag, but for मित् classification. Hence no candrabindu.

| | | | | | |
|---|---|---|---|---|---|
| cel | चेलृँ | P | St | I | 536 |
| ceṣṭ | चेष्टँ | A | St | I | 256 |
| cyu | च्युङ् | A | At | T | 955 |
| cyu | च्यु | U | St | T | 1746 |
| cyut | च्युतिँर् | P | St | T | 40 |
| chañj | छजिँ | U | St | I | 1621 |
| chad | छदिः | P | St | I | 813 |
| chad | छदँ | U | St | T | 1833 |
| chad | छद् | U | St | T | 1935 |
| chand | छदिँ | U | St | T | 1577 |
| cham | छमुँ | P | St | T | 470 |
| chard | छर्दँ | U | St | I | 1589 |
| chaṣ | छषँ | U | St | T | 890 |
| chid | छिदिँर् | U | At | T | 1440 |
| chidr | छिद्र | U | St | T | 1924 |
| chuṭ | छुटँ | P | St | T | 1378 |
| chup | छुपँ | P | At | T | 1418 |
| chur | छुरँ | P | St | T | 1372 |
| chṛd | उँछृदिँर् | U | St | T* | 1445 |
| chṛd | छृदीँ | U | St | T | 1820 |
| ched | छेद् | U | St | T | 1934 |
| cho | छो | P | At | T | 1146 |
| jaṃs | जसिँ | U | St | T | 1666 |
| jakṣ | जक्षँ | P | St | T* | 1071 |
| jaj | जजँ | P | St | I | 242 |
| jañj | जजिँ | P | St | I | 243 |
| jaṭ | जटँ | P | St | I | 305 |
| jan | जनँ | P | St | I* | 1105 |
| jan | जनीँ | A | St | I | 1149 |
| jap | जपँ | P | St | T | 397 |
| jam | जमुँ | P | St | T | 471 |
| jambh | जभीँ | A | St | I | 388 |
| jambh | जभिँ | U | St | T | 1716 |
| jarj | जर्जँ | P | St | T | 716 |
| jarj | जर्जँ | P | St | T | 1298 |
| jal | जलँ | P | St | T | 833 |
| jal | जलँ | U | St | T | 1543 |
| jalp | जल्पँ | P | St | T | 398 |
| jaṣ | जषँ | P | St | T | 688 |
| jas | जसुँ | P | St | T | 1211 |
| jas | जसुँ | U | St | T | 1668 |
| jas | जसुँ | U | St | T | 1718 |
| jāgṛ | जागृ | P | St | I | 1072 |
| ji | जि | P | At | I | 561 |
| ji | जि | P | At | D* | 946 |
| ji | जि | U | St | T | 1793 |
| jinv | जिविँ | P | St | T | 594 |
| jiri | जिरि | P | St | T | 1278 |

Note: 813 chad छदिः Here the इ is not a Tag, but for मित् classification. Hence no candrabindu.

| | | | | | |
|---|---|---|---|---|---|
| jiṣ | जिषुँ | P | St | T | 697 |
| jīv | जीवँ | P | St | I | 562 |
| juṅg | जुगिँ | P | St | T | 157 |
| juḍ | जुडँ | P | St | T | 1326 |
| juḍ | जुडँ | P | St | T | 1379 |
| juḍ | जुडँ | U | St | T | 1646 |
| jut | जुतृँ॒ | A | St | I | 32 |
| juṣ | जुषीँ॒ | A | St | T | 1288 |
| juṣ | जुषँ | U | St | T | 1834 |
| jūr | जूरीँ॒ | A | St | T | 1156 |
| jūṣ | जूषँ | P | St | T | 681 |
| jṛmbh | जृभिँ॒ | A | St | I | 389 |
| jṝ | जॄष् | P | St | I | 1130 |
| jṝ | जॄ | P | St | I | 1494 |
| jṝ | जॄ | U | St | I | 1814 |
| jeṣ | जेषृँ॒ | A | St | T | 616 |
| jeh | जेहृँ॒ | A | St | I | 644 |
| jai | जै॒ | P | At | I | 914 |
| jñap | ज्ञपँ | U | St | T | 1624 |
| jñā | ज्ञा॒ | P* | At | T | 1507 |
| jñā | ज्ञा | P | St | T | 811 |
| jñā | ज्ञा | U | St | T | 1732 |
| jyā | ज्या॒ | P | At | I | 1499 |
| jyu | ज्युङ्॒ | A | At | T | 956 |
| jri | ज्रि॒ | P | At | T* | 947 |
| jri | ज्रि | U | St | T | 1815 |
| jvar | ज्वरँ | P | St | I | 776 |
| jval | ज्वलँ | P | St | I | 804 |
| jval | ज्वलँ | P | St | I | 831 |
| jhaṭ | झटँ | P | St | I | 306 |
| jham | झमँ | P | St | T | 472 |
| jharjh | झर्झँ | P | St | T | 718 |
| jharjh | झर्झँ | P | St | T | 1300 |
| jhaṣ | झषँ | P | St | T | 689 |
| jhaṣ | झषँ॑ | U | St | T | 891 |
| jhṝ | झॄष् | P | St | I | 1131 |
| ṭaṅk | टकिँ | U | St | T | 1638 |
| ṭal | टलँ | P | St | I | 834 |
| ṭik | टिकृँ॒ | A | St | T | 103 |
| ṭīk | टीकृँ॒ | A | St | T | 104 |
| ṭval | ट्वलँ | P | St | I | 835 |
| ḍap | डपँ॒ | A | St | T | 1676 |
| ḍip | डिपँ | P | St | T | 1232 |
| ḍip | डिपँ | P | St | T | 1371 |
| ḍip | डिपँ | U | St | T | 1671 |
| ḍip | डिपँ॒ | A | St | T | 1677 |
| ḍī | डीङ् | A | St | T | 968 |
| ḍī | डीङ् | A | St | I | 1135 |

| | | | | | |
|---|---|---|---|---|---|
| ḍhauk | ढौकृँ | A | St | T | 98 |
| taṃs | तसिँ | U | St | T | 1729 |
| tak | तकँ | P | St | I | 117 |
| takṣ | तक्षँ | P | St | T | 665 |
| takṣ | तक्षँ | P | Vt | T | 655 |
| taṅk | तकिँ | P | St | I | 118 |
| taṅg | तगिँ | P | St | T | 149 |
| tañc | तञ्चुँ | P | St | T | 191 |
| tañc | तञ्चूँ | P | Vt | T | 1459 |
| taṭ | तटँ | P | St | I | 308 |
| taḍ | तडँ | U | St | T | 1579 |
| taḍ | तडँ | U | St | T | 1801 |
| taṇḍ | तडिँ॒ | A | St | T | 280 |
| tan | तनुँ॑ | U | St | T | 1463 |
| tan | तनुँ | U | St | T | 1840 |
| tantr | तत्रिँ॒ | A | St | I | 1678 |
| tap | त॒पँ | P | At | T | 985 |
| tap | त॒पँ॒ | A | At | I | 1159 |
| tap | तपँ | U | St | T | 1818 |
| tam | तमुँ | P | St | I | 1202 |
| tay | तयँ॒ | A | St | T | 479 |
| tark | तर्कँ | U | St | T | 1780 |
| tarj | तर्जँ | P | St | T | 227 |
| tarj | तर्जँ॒ | A | St | T | 1681 |
| tard | तर्दँ | P | St | T | 58 |
| tal | तलँ | U | St | T | 1598 |
| tas | तसुँ | P | St | T | 1212 |
| tāy | तायृँ | A | St | T | 489 |
| tik | तिकृँ | A | St | T | 105 |
| tik | तिकँ | P | St | T | 1266 |
| tig | तिगँ | P | St | T | 1267 |
| tij | तिजँ॒ | A | St | T | 971 |
| tij | तिजँ | U | St | T | 1652 |
| tip | ति॒पृँ | A | At | I | 362 |
| tim | तिमँ | P | St | I | 1123 |
| til | तिलँ | P | St | T | 534 |
| til | तिलँ | P | St | I | 1354 |
| til | तिलँ | U | St | I | 1607 |
| tīk | तीकृँ | A | St | T | 106 |
| tīr | तीर | U | St | I | 1912 |
| tīv | तीवँ | P | St | I | 565 |
| tuj | तुजँ | P | St | T | 244 |
| tuñj | तुजिँ | P | St | T | 245 |
| tuñj | तुजिँ | U | St | T | 1566 |
| tuñj | तुजिँ | U | St | T | 1755 |
| tuṭ | तुटँ | P | St | T | 1376 |
| tuḍ | तुडृँ | P | St | T | 351 |
| tuḍ | तुडँ | P | St | T | 1386 |

| | | | | | | | | | | | |
|---|---|---|---|---|---|---|---|---|---|---|---|
| tuṇ | तुणँ | P | St | I | 1332 | tūr | तूरीँ | A | St | T | 1152 |
| tuṇḍ | तुडिँ | A | St | T | 276 | tūl | तूलँ | P | St | T | 527 |
| tutth | तुत्थ | U | St | T | 1943 | tūṣ | तूषँ | P | St | I | 674 |
| tud | तुदँ | U | At | T | 1281 | tṛṃh | तृन्हूँ | P | Vt | T | 1350 |
| tup | तुपँ | P | St | T | 404 | tṛṇ | तृणुँ | U | St | T | 1468 |
| tup | तुपँ | P | St | T | 1309 | tṛd | उँतृदिँर् | U | St | T | 1446 |
| tuph | तुफँ | P | St | T | 408 | tṛp | तृपँ | P | St | T | 1307 |
| tuph | तुफँ | P | St | T | 1311 | tṛp | तृपँ | U | St | T | 1819 |
| tubh | तुभँ | A* | St | T | 753 | tṛp | तृपँ | P | Vt | T* | 1195 |
| tubh | तुभँ | P | St | T | 1241 | tṛmph | तृम्फँ | P | St | I | 1308 |
| tubh | तुभँ | P | St | T | 1521 | tṛṣ | ञितृषाँ | P | St | I | 1228 |
| tump | तुम्पँ | P | St | T | 405 | tṛh | तृहँ | P | St | T | 1455 |
| tump | तुम्पँ | P | St | T | 1310 | tṛh | तृहूँ | P | Vt | T | 1348 |
| tumph | तुम्फँ | P | St | T | 409 | tṝ | तॄ | P | St | T | 969 |
| tumph | तुम्फँ | P | St | T | 1312 | tej | तेजँ | P | St | T | 231 |
| tumb | तुबिँ | P | St | T | 428 | tep | तेपृँ | A | St | I | 363 |
| tumb | तुबिँ | U | St | T | 1657 | tev | तेवृँ | A | St | I | 499 |
| tur | तुरँ | P | St | I | 1102 | tyaj | त्यजँ | P | At | T | 986 |
| turv | तुर्वीँ | P | St | T | 570 | traṃs | त्रसिँ | U | St | T | 1761 |
| tul | तुलँ | U | St | T | 1599 | tṛkṣa (trakṣ) | तृक्षँ (त्रक्षँ) | P | St | T | 660 |
| tuṣ | तुषँ | P | At | I | 1184 | traṅk | त्रकिँ | A | St | T | 97 |
| tus | तुसँ | P | St | I | 710 | trand | त्रदिँ | P | St | I | 69 |
| tuh | तुहिँर् | P | St | T | 737 | trap | त्रपूँष् | A | Vt | I | 374 |
| tūṇ | तूणँ | A | St | T | 1689 | tras | त्रसीँ | P | St | I | 1117 |

1195 तृप् explicitly mentioned with Anudatta in Sutra 6.1.59

| | | | | | | | | | | | |
|---|---|---|---|---|---|---|---|---|---|---|---|
| tras | त्रसँ | U | St | T | 1741 | dakṣ | दक्षँ॒ | A | St | T | 770 |
| truṭ | त्रुटँ | P | St | T | 1375 | dagh | दघँ | P | St | T | 1273 |
| truṭ | त्रु॒टँ | A | St | T | 1698 | daṇḍ | दण्ड | U | St | D | 1926 |
| trup | त्रुपँ | P | St | T | 406 | dad | द॒दँ | A | St | T | 17 |
| truph | त्रुफँ | P | St | T | 410 | dadh | द॒धँ | A | St | T | 8 |
| trump | त्रुम्पँ | P | St | T | 407 | dam | दमुँ | P | St | T | 1203 |
| trumph | त्रुम्फँ | P | St | T | 411 | dambh | दम्भुँ | P | St | T | 1270 |
| trai | त्रै॒ङ् | A | At | T | 965 | day | द॒यँ | A | St | T | 481 |
| trauk | त्रौ॒कृँ | A | St | T | 99 | daridrā | दरिद्रा | P | St | I | 1073 |
| tvakṣ | त्वक्षूँ॒ | P | Vt | T | 656 | dal | दलँ | P | St | I | 548 |
| tvaṅg | त्वगिँ | P | St | T | 150 | dal | दलँ | U | St | T | 1751 |
| tvac | त्वचँ | P | St | T | 1301 | das | दसुँ | P | St | T | 1213 |
| tvañc | त्वञ्चुँ | P | St | T | 192 | dah | द॒हँ | P | At | T | 991 |
| tvar | ञि त्व॒राँ | A | St | I | 775 | dā | दा॒ण् | P | At | T | 930 |
| tviṣ | त्वि॒षँ॑ | U | At | I | 1001 | dā | दा॒प् | P | At | T | 1059 |
| tsar | त्सरँ | P | St | I | 554 | dā | डुदा॒ञ् | U | At | T | 1091 |
| thuḍ | थुडँ | P | St | T | 1387 | dān | दानँ॑ | U | St | T | 994 |
| thurv | थुर्वीँ | P | St | T | 571 | dāś | दाशृँ॑ | U | St | T | 882 |
| daṃś | दं॒शँ | P | At | T | 989 | dāś | दाशँ | P | St | T | 1279 |
| daṃś | दशिँ॒ | A | St | T | 1674 | dās | दासृँ॑ | U | St | T | 894 |
| daṃś | दशिँ | U | St | T | 1764 | dinv | दिविँ | P | St | T | 592 |
| daṃs | दसिँ॒ | A | St | T | 1675 | div | दिवुँ | P | St | T | 1107 |
| daṃs | दसिँ | U | St | T | 1786 | div | दिवुँ | A | St | I | 1706 |
| dakṣ | दक्षँ॒ | A | St | I | 608 | div | दिवुँ | U | St | T | 1724 |

| | | | | | |
|---|---|---|---|---|---|
| diś | दि॒शँ॑ | U | At | T | 1283 |
| dih | दि॒हँ॑ | U | At | I | 1015 |
| dī | दी॒ङ् | A | At | I | 1134 |
| dīkṣ | दीक्षँ॒ | A | St | I | 609 |
| dīdhī | दीधीङ् | A | St | I | 1076 |
| dīp | दीपीँ॒ | A | St | I | 1150 |
| du | दु॒ | P | At | T | 944 |
| du | टु॒दु॒ | P | At | T | 1256 |
| duḥkh | दुःख | U | St | T | 1930 |
| durv | दुर्वीँ | P | St | T | 572 |
| dul | दुलँ | U | St | T | 1600 |
| duṣ | दु॒षँ | P | At | I | 1185 |
| duh | दु॒हँ॑ | U | At | D | 1014 |
| duh | दु॒हिँर् | P | St | T | 738 |
| dū | दू॒ङ् | A | St | I | 1133 |
| dṛ | दृ॒ | P | At | T | 1280 |
| dṛ | दृ॒ङ् | A | At | T | 1411 |
| dṛṃh | दृहिँ | P | St | I | 734 |
| dṛp | दृपँ | P | St | I | 1313 |
| dṛp | दृ॒पँ | P | Vt | T | 1196 |
| dṛbh | दृभीँ | P | St | T | 1323 |
| dṛbh | दृभीँ | U | St | T | 1821 |
| dṛbh | दृभँ | U | St | T | 1822 |
| dṛmph | दृम्फँ | P | St | I | 1314 |
| dṛś | दृ॒शिँर् | P | At | T | 988 |
| dṛh | दृहँ | P | St | I | 733 |
| dṝ | दॄ | P | St | I | 808 |
| dṝ | दॄ | P | St | T | 1493 |
| de | दे॒ङ् | A | At | T | 962 |
| dev | देवृँ | A | St | I | 500 |
| dai | दै॒प् | P | At | T | 924 |
| do | दो॒ | P | At | T | 1148 |
| dyu | द्यु॒ | P | At | T | 1040 |
| dyut | द्युतँ॒ | A* | St | I | 741 |
| dyai | द्यै॒ | P | At | T | 905 |
| dram | द्रमँ | P | St | T | 466 |
| drā | द्रा॒ | P | At | I | 1054 |
| drākh | द्राखृँ | P | St | T | 124 |
| drāgh | द्राघृँ | A | St | I | 114 |
| drāṅkṣ | द्राक्षि | P | St | I | 670 |
| drāḍ | द्राडृँ | A | St | I | 287 |
| drāh | द्राहृँ | A | St | I | 646 |
| dru | द्रु॒ | P | At | T | 945 |
| druṇ | द्रुणँ | P | St | T | 1337 |
| druh | द्रुहँ | P | Vt | T | 1197 |
| drū | द्रूञ् | U | St | T | 1481 |
| drek | द्रेकृँ | A | St | I | 78 |
| drai | द्रै॒ | P | At | I | 906 |

1196 दृप् explicitly mentioned with Anudatta in Sutra 6.1.59

| | | | | | |
|---|---|---|---|---|---|
| dviṣ | द्विषँ॑ | U | At | T | 1013 |
| dhakk | धक्कँ | U | St | T | 1594 |
| dhan | धनँ | P | St | I | 1104 |
| dhanv | धविँ | P | St | T | 597 |
| dhā | डुधाञ् | U | At | T | 1092 |
| dhāv | धावुँ॑ | U | St | T* | 601 |
| dhi | धि | P | At | T | 1406 |
| dhikṣ | धिक्षँ | A | St | T | 603 |
| dhinv | धिविँ | P | St | T | 593 |
| dhiṣ | धिषँ | P | St | I | 1103 |
| dhī | धीङ् | A | At | T | 1136 |
| dhu | धुञ् | U | At | T | 1255 |
| dhukṣ | धुक्षँ | A | St | T | 602 |
| dhurv | धुर्वीँ | P | St | T | 573 |
| dhū | धू | P | St | T | 1398 |
| dhū | धूञ् | U | St | T | 1835 |
| dhū | धूञ् | U | Vt | T | 1487 |
| dhūp | धूपँ | P | St | T | 396 |
| dhūp | धूपँ | U | St | T | 1772 |
| dhūr | धूरीँ | A | St | T | 1153 |
| dhūs | धूसँ | U | St | T | 1639 |
| dhṛ | धृञ् | U | At | T | 900 |
| dhṛ | धृङ् | A | At | I | 960 |
| dhṛ | धृङ् | A | At | I | 1412 |
| dhṛj | धृजँ | P | St | T | 219 |
| dhṛñj | धृजिँ | P | St | T | 220 |
| dhṛṣ | ञिधृषाँ | P | St | I | 1269 |
| dhṛṣ | धृषँ | U | St | T | 1850 |
| dhe | धेट् | P | At | T | 902 |
| dhek | धेक | U | St | T | 1914 |
| dhor | धोऋँ | P | St | I | 553 |
| dhmā | ध्मा | P | At | T | 927 |
| dhyai | ध्यै | P | At | T | 908 |
| dhraj | ध्रजँ | P | St | T | 217 |
| dhrañj | ध्रजिँ | P | St | T | 218 |
| dhraṇ | ध्रणँ | P | St | T | 459 |
| dhras | उँध्रसँ | P | St | T | 1524 |
| dhrākh | ध्राखृँ | P | St | T | 125 |
| dhrāṅkṣ | ध्राक्षिँ | P | St | I | 671 |
| dhrāḍ | ध्राडृँ | A | St | I | 288 |
| dhru | ध्रु | P | At | I | 943 |
| dhru | ध्रु | P | At | I | 1400 |
| dhrek | ध्रेकृँ | A | St | I | 79 |
| dhrai | ध्रै | P | At | T | 907 |
| dhvaṃs | ध्वंसुँ | A* | St | I | 755 |
| dhvaj | ध्वजँ | P | St | T | 221 |
| dhvañj | ध्वजिँ | P | St | T | 222 |
| dhvaṇ | ध्वणँ | P | St | T | 453 |

| | | | | | |
|---|---|---|---|---|---|
| dhvan | ध्वनँ | P | St | I | 816 |
| dhvan | ध्वनँ | P | St | I | 828 |
| dhvan | ध्वन | U | St | I | 1889 |
| dhvāṅkṣ | ध्वाक्षिँ | P | St | I | 672 |
| dhvṛ | ध्वृ | P | At | I | 939 |
| nakk | नक्कँ | U | St | T | 1593 |
| nakṣ | णक्षँ | P | St | T | 662 |
| nakh | णखँ | P | St | T | 134 |
| naṅkh | णखिँ | P | St | T | 135 |
| naṭ | णटँ | P | St | I | 310 |
| naṭ | णटँ | P | St | I | 781 |
| naṭ | नटँ | U | St | T | 1545 |
| naṭ | नटँ | U | St | T | 1791 |
| nad | णदँ | P | St | I | 54 |
| nad | णदँ | U | St | T | 1778 |
| nand | टुनदिँ | P | St | I | 67 |
| nabh | णभँ | A* | St | T | 752 |
| nabh | णभँ | P | St | T | 1240 |
| nabh | णभँ | P | St | T | 1520 |
| nam | णमँ | P | At | T | 981 |
| nay | णयँ | A | St | T | 480 |
| nard | नर्दँ | P | St | I | 56 |
| nal | णलँ | P | St | T | 838 |
| nal | नलँ | U | St | T | 1802 |
| naś | णशँ | P | Vt | I | 1194 |
| nas | णसँ | A | St | I | 627 |
| nah | णहँ | U | At | T | 1166 |
| nāth | नाथृँ | A* | St | T | 6 |
| nādh | नाधृँ | A | St | T | 7 |
| nās | णासृँ | A | St | I | 625 |
| niṃs | णिसिँ | A | St | T | 1025 |
| nikṣ | णिक्षँ | P | St | T | 659 |
| nij | णिजिँर् | U | At | T | 1093 |
| niñj | णिजिँ | A | St | T | 1026 |
| nid | णिदृँ | U | St | T | 871 |
| nind | णिदिँ | P | St | T | 66 |
| ninv | णिविँ | P | St | T | 590 |
| nil | णिलँ | P | St | T | 1360 |
| nivās | निवास | U | St | T | 1885 |
| niś | णिशँ | P | St | I | 722 |
| niṣk | निष्कँ | A | St | T | 1686 |
| nī | णीञ् | U | At | D | 901 |
| nīl | णीलँ | P | St | I | 522 |
| nīv | णीवँ | P | St | I | 566 |
| nu | णु | P* | St | T | 1035 |
| nud | णुदँ | U | At | T | 1282 |
| nud | णुदँ | P | At | T | 1426 |
| nū | णू | P | St | T | 1397 |

| | | | | | |
|---|---|---|---|---|---|
| nṛt | नृतीँ | P | St | I | 1116 |
| nṝ | नॄ | P | St | T | 809 |
| nṝ | नॄ | P | St | T | 1495 |
| ned | णेदृँ | U | St | T | 872 |
| neṣ | णेषृँ | A | St | T | 617 |
| paṃs | पसिँ | U | St | T | 1616 |
| pakṣ | पक्षँ | U | St | T | 1550 |
| pac | डुपचँष् | U | At | D | 996 |
| pañc | पचिँ | A | St | T | 174 |
| pañc | पचिँ | U | St | T | 1651 |
| paṭ | पटँ | P | St | T | 296 |
| paṭ | पटँ | U | St | T | 1752 |
| paṭ | पट | U | St | T | 1856 |
| paṭh | पठँ | P | St | T | 330 |
| paṇ | पणँ | A* | St | T | 439 |
| paṇḍ | पडिँ | A | St | T | 281 |
| paṇḍ | पडिँ | U | St | T | 1615 |
| pat | पतॢँ | P | St | I* | 845 |
| pat | पत | U | St | T | 1861 |
| path | पथेँ | P | St | T | 847 |
| pad | पदँ | A | At | T | 1169 |
| pad | पद | A | St | T | 1898 |
| pan | पनँ | A* | St | T | 440 |
| panth | पथिँ | U | St | T | 1575 |
| pay | पयँ | A | St | T | 476 |
| parṇ | पर्ण | U | St | I | 1939 |
| pard | पर्दँ | A | St | I | 29 |
| parp | पर्पँ | P | St | T | 412 |
| parb | पर्बँ | P | St | T | 416 |
| parv | पर्वँ | P | St | I | 577 |
| pal | पलँ | P | St | T | 839 |
| palpūl | पल्पूल | U | St | T | 1881 |
| paś | पशँ | U | St | T | 1719 |
| paṣ | पष | U | St | T | 1862 |
| pā | पा | P | At | T | 925 |
| pā | पा | P | At | T | 1056 |
| pār | पार | U | St | T | 1911 |
| pāl | पालँ | U | St | T | 1609 |
| pi | पि | P | At | T | 1405 |
| piṃs | पिसिँ | U | St | T | 1762 |
| picch | पिछँ | U | St | T | 1576 |
| piñj | पिजिँ | A | St | T* | 1028 |
| piñj | पिजिँ | U | St | T | 1567 |
| piñj | पिजिँ | U | St | T | 1757 |
| piṭ | पिटँ | P | St | I | 311 |
| piṭh | पिठँ | P | St | T | 339 |
| piṇḍ | पिडिँ | A | St | I | 274 |
| piṇḍ | पिडिँ | U | St | I | 1669 |

| | | | | | |
|---|---|---|---|---|---|
| pinv | पिविँ | P | St | T | 588 |
| piś | पिशँ | P | St | I | 1437 |
| piṣ | पिषॢँ | P | At | T | 1452 |
| pis | पिसृँ | P | St | T | 719 |
| pis | पिसँ | U | St | T | 1568 |
| pī | पीङ् | A | At | T | 1141 |
| pīḍ | पीडँ | U | St | T | 1544 |
| pīl | पीलँ | P | St | T | 521 |
| pīv | पीवँ | P | St | I | 563 |
| puṃs | पुंसँ | U | St | T | 1637 |
| puṭ | पुटँ | P | St | T | 1367 |
| puṭ | पुटँ | U | St | T | 1753 |
| puṭ | पुट | U | St | T | 1913 |
| puṭṭ | पुट्टँ | U | St | I | 1559 |
| puḍ | पुडँ | P | St | T | 1384 |
| puṇ | पुणँ | P | St | I | 1333 |
| puṇṭ | पुटिँ | U | St | T | 1792 |
| puth | पुथँ | P | St | T | 1119 |
| puth | पुथँ | U | St | T | 1775 |
| punth | पुथिँ | P | St | T | 44 |
| pur | पुरँ | P | St | I | 1346 |
| purv | पुर्वँ | P | St | T | 576 |
| pul | पुलँ | P | St | I | 841 |
| pul | पुलँ | U | St | I | 1601 |
| puṣ | पुषँ | P | At | T* | 1182 |
| puṣ | पुषँ | P | St | T | 700 |
| puṣ | पुषँ | P | St | T | 1529 |
| puṣ | पुषँ | U | St | T | 1750 |
| puṣp | पुष्पँ | P | St | I | 1122 |
| pust | पुस्तँ | U | St | T | 1590 |
| pū | पूङ् | A | St | T | 966 |
| pū | पूञ् | U | St | T | 1482 |
| pūj | पूजँ | U | St | T | 1642 |
| pūy | पूयीँ | A | St | I | 484 |
| pūr | पूरीँ | A | St | T | 1151 |
| pūr | पूरीँ | U | St | T | 1803 |
| pūl | पूलँ | P | St | I | 528 |
| pūl | पूलँ | U | St | T | 1636 |
| pūṣ | पूषँ | P | St | I | 675 |
| pṛ | पृ | P | At | T | 1258 |
| pṛ | पृङ् | A | At | I | 1402 |
| pṛc | पृचीँ | A | St | T | 1030 |
| pṛc | पृचीँ | P | St | T | 1462 |
| pṛc | पृचँ | U | St | T | 1807 |
| pṛḍ | पृडँ | P | St | T | 1328 |
| pṛṇ | पृणँ | P | St | T | 1329 |
| pṛth | पृथँ | U | St | T | 1554 |
| pṛṣ | पृषुँ | P | St | T | 705 |

| | | | | | |
|---|---|---|---|---|---|
| pṝ | पॄ | P | St | T | 1086 |
| pṝ | पॄ | P | St | T | 1489 |
| pṝ | पॄ | U | St | T | 1548 |
| pel | पेलृँ | P | St | T | 541 |
| pev | पेवृँ | A | St | T | 504 |
| peṣ | पेषृँ | A | St | T | 615 |
| pes | पेसृँ | P | St | T | 720 |
| pai | पै | P | At | I | 920 |
| paiṇ | पैणृँ | P | St | T | 458 |
| pyāy | ओँ प्यायीँ | A | St | I | 488 |
| pyai | प्यैङ् | A | At | I | 964 |
| pracch | प्रछँ | P | At | D | 1413 |
| prath | प्रथँ | A | St | I | 765 |
| prath | प्रथँ | U | St | T | 1553 |
| pras | प्रसँ | A | St | T | 766 |
| prā | प्रा | P | At | T | 1061 |
| prī | प्रीङ् | A | At | T* | 1144 |
| prī | प्रीञ् | U | At | T | 1474 |
| prī | प्रीञ् | U | St | T | 1836 |
| pru | प्रुङ् | A | At | T | 957 |
| pruḍ | प्रुडँ | P | St | T | 324 |
| pruṣ | प्रुषुँ | P | St | T | 703 |
| pruṣ | प्रुषँ | P | St | T | 1527 |
| preṣ | प्रेषृँ | A | St | T | 619 |
| proth | प्रोथृँ | U | St | I | 867 |
| plih | प्लिहँ | A | St | T | 642 |
| plī | प्ली | P | At | T | 1503 |
| plu | प्लुङ् | A | At | T | 958 |
| pluṣ | प्लुषुँ | P | St | T | 704 |
| pluṣ | प्लुषँ | P | St | T | 1115 |
| pluṣ | प्लुषँ | P | St | T | 1216 |
| pluṣ | प्लुषँ | P | St | T | 1528 |
| psā | प्सा | P | At | T | 1055 |
| phakk | फक्कँ | P | St | T | 116 |
| phaṇ | फणँ | P | St | T | 821 |
| phal | ञि फलाँ | P | St | I | 516 |
| phal | फलँ | P | St | I | 530 |
| phull | फुल्लँ | P | St | I | 532 |
| phel | फेलृँ | P | St | T | 542 |
| baṃh | बहिँ | A | St | I | 633 |
| bad | बदँ | P | St | I | 51 |
| badh | बधँ | A | St | T | 973 |
| badh | बधँ | U | St | T | 1547 |
| bandh | बन्धँ | P | At | T | 1508 |
| barb | बर्बँ | P | St | T | 418 |
| barh | बर्हँ | A | St | T | 638 |
| barh | बर्हँ | U | St | T | 1664 |
| barh | बर्हँ | U | St | T | 1769 |

| | | | | | |
|---|---|---|---|---|---|
| bal | बलँ | P | St | I | 840 |
| bal | बलँ | U | St | T | 1628 |
| balh | बल्हँ॒ | A | St | T | 639 |
| balh | बल्हँ | U | St | T | 1770 |
| baṣk | बष्क | U | St | T | 1916 |
| bast | बस्तँ॒ | A | St | T | 1683 |
| bāḍ | बाडृँ | A | St | I | 286 |
| bādh | बाधृँ | A | St | T | 5 |
| biṭ | बिटँ | P | St | T | 317 |
| bind | बिदिँ | P | St | I | 64 |
| bil | बिलँ | P | St | T | 1359 |
| bil | बिलँ | U | St | T | 1606 |
| bis | बिसँ | P | St | T | 1217 |
| bukk | बुक्कँ | P | St | I | 119 |
| bukk | बुक्कँ | U | St | I | 1713 |
| buṅg | बुगिँ | P | St | I | 158 |
| budh | बुधँ॒ | A | At | T | 1172 |
| budh | बुधँ | P | St | T* | 858 |
| budh | बुधिँर् | U | St | T | 875 |
| bund | उँबुन्दिँर् | U | St | T | 876 |
| bus | बुसँ | P | St | T | 1219 |
| bust | बुस्तँ | U | St | T | 1591 |
| bṛṃh | बृहिँ | P | St | I | 736 |
| bṛṃh | बृहिँ | U | St | T | 1768 |
| bṛh | बृहँ | P | St | I | 735 |
| brū | ब्रूञ् | U | St | D | 1044 |
| brūs | ब्रूसँ | U | St | T | 1663 |
| bhakṣ | भक्षँ | U | St | T | 1557 |
| bhaj | भ॒जँ॑ | U | At | T | 998 |
| bhaj | भजँ | U | St | T | 1733 |
| bhañj | भ॒ञ्जोँ | P | At | T | 1453 |
| bhañj | भजिँ | U | St | T | 1759 |
| bhaṭ | भटँ | P | St | T | 307 |
| bhaṭ | भटँ | P | St | T | 780 |
| bhaṇ | भणँ | P | St | I | 447 |
| bhaṇḍ | भडिँ॒ | A | St | T | 273 |
| bhaṇḍ | भडिँ | U | St | T | 1588 |
| bhand | भदिँ॒ | A | St | I | 12 |
| bharts | भर्त्सँ॒ | A | St | T | 1682 |
| bharv | भर्वँ | P | St | T | 580 |
| bhal | भलँ॒ | A | St | T | 495 |
| bhal | भलँ॒ | A | St | T | 1700 |
| bhall | भल्लँ॒ | A | St | T | 496 |
| bhaṣ | भषँ | P | St | I | 695 |
| bhas | भसँ | P | St | I | 1100 |
| bhā | भा॒ | P | At | I | 1051 |
| bhāj | भाज | U | St | T | 1886 |
| bhām | भामँ॒ | A | St | I | 441 |

| | | | | | |
|---|---|---|---|---|---|
| bhām | भाम | U | St | I | 1872 |
| bhāṣ | भाषँ॒ | A | St | T | 612 |
| bhās | भासृँ॒ | A | St | I | 624 |
| bhikṣ | भिक्षँ॒ | A | St | T | 606 |
| bhid | भि॒दिँ॑र् | U | At | T | 1439 |
| bhī | ञिभी॒ | P | At | I | 1084 |
| bhuj | भुजोँ | P | At | I | 1417 |
| bhuj | भुजँ | P* | At | T | 1454 |
| bhū | भू | P | St | I | 1 |
| bhū | भू | U | St | T | 1747 |
| bhū | भू | A* | St | T | 1844 |
| bhūṣ | भूषँ | P | St | T | 682 |
| bhūṣ | भूषँ | U | St | T | 1730 |
| bhṛ | भृञ् | U | At | T | 898 |
| bhṛ | डुभृञ् | U | At | T | 1087 |
| bhṛṃś | भृशिँ | U | St | T | 1787 |
| bhṛj | भृजीँ॒ | A | St | T | 178 |
| bhṛḍ | भृडँ | P | St | I | 1395 |
| bhṛś | भृशुँ | P | St | I | 1224 |
| bhṝ | भॄ | P | St | T | 1491 |
| bheṣ | भेषृँ॑ | U | St | I | 883 |
| bhyas | भ्यसँ॒ | A | St | I | 628 |
| bhraṃś | भ्रंशुँ | P | St | I | 1225 |
| bhraṃs | भ्रंसुँ | A* | St | I | 756 |
| bhrakṣ | भ्रक्षँ॑ | U | St | T | 892 |
| bhraṇ | भ्रणँ | P | St | I | 452 |
| bhram | भ्रमुँ | P | St | I | 850 |
| bhram | भ्रमुँ | P | St | I | 1205 |
| bhrasj | भ्र॒स्जँ॑ | U | At | T | 1284 |
| bhrāj | भ्राजृँ॒ | A | St | I | 181 |
| bhrāj | टुभ्राजृँ॒ | A | St | I | 823 |
| bhrāś | टुभ्राशृँ॒ | A | St | I | 824 |
| bhrī | भ्री॒ | P | At | I | 1505 |
| bhrūṇ | भ्रूणँ | A | St | T | 1690 |
| bhrej | भ्रेजृँ॒ | A | St | I | 180 |
| bhreṣ | भ्रेषृँ॑ | U | St | T | 884 |
| bhlakṣ | भ्लक्षँ॑ | U | St | T | 893 |
| bhlāś | टुभ्लाशृँ | A | St | I | 825 |
| bhleṣ | भ्लेषृँ॑ | U | St | I | 885 |
| maṃh | महिँ॒ | A | St | I | 634 |
| maṃh | महिँ | U | St | T | 1799 |
| makh | मखँ | P | St | T | 132 |
| maṅk | मकिँ॒ | A | St | T | 89 |
| maṅkh | मखिँ | P | St | T | 133 |
| maṅg | मगिँ | P | St | T | 148 |
| maṅgh | मघिँ॒ | A | St | T | 111 |
| maṅgh | मघिँ | P | St | I | 160 |
| mac | मचँ॒ | A | St | I | 171 |

| | | | | | |
|---|---|---|---|---|---|
| mañc | मचिँ | A | St | T | 173 |
| maṭh | मठँ | P | St | I | 332 |
| maṇ | मणँ | P | St | I | 448 |
| maṇṭh | मठिँ | A | St | T | 263 |
| maṇḍ | मडिँ | A | St | T | 272 |
| maṇḍ | मडिँ | P | St | T | 321 |
| maṇḍ | मडिँ | U | St | T | 1587 |
| math | मथेँ | P | St | D | 848 |
| mad | मदीँ | P | St | I | 815 |
| mad | मदीँ | P | St | I | 1208 |
| mad | मदँ | A | St | T | 1705 |
| man | मनँ | A | At | T | 1176 |
| man | मनुँ | A | St | T | 1471 |
| mantr | मत्रिँ | A | St | T | 1679 |
| manth | मन्थँ | P | St | D | 42 |
| manth | मथिँ | P | St | T | 46 |
| manth | मन्थँ | P | St | D | 1511 |
| mand | मदिँ | A | St | T* | 13 |
| mabhr | मभ्रँ | P | St | T | 558 |
| may | मयँ | A | St | T | 477 |
| marc | मर्चँ | U | St | I | 1649 |
| marb | मर्बँ | P | St | T | 419 |
| marv | मर्वँ | P | St | T | 578 |
| mal | मलँ | A | St | T | 493 |
| mall | मल्लँ | A | St | T | 494 |
| mav | मवँ | P | St | T | 599 |
| mavy | मव्यँ | P | St | T | 508 |
| maś | मशँ | P | St | I | 724 |
| maṣ | मषँ | P | St | T | 692 |
| mas | मसीँ | P | St | I | 1221 |
| mask | मस्कँ | A | St | T | 102 |
| masj | टु मस्जोँ | P | At | I | 1415 |
| mah | महँ | P | St | T | 730 |
| mah | मह | U | St | T | 1867 |
| mā | मा | P | At | T | 1062 |
| mā | माङ् | A | At | T* | 1088 |
| mā | माङ् | A | At | T | 1142 |
| māṅkṣ | माक्षिँ | P | St | T | 669 |
| mān | मानँ | A | St | T | 972 |
| mān | मानँ | A | St | I | 1709 |
| mān | मानँ | U | St | T | 1843 |
| mārg | मार्गँ | U | St | T | 1618 |
| mārg | मार्गँ | U | St | T | 1846 |
| mārj | मार्जँ | U | St | I | 1648 |
| māh | माहृँ | U | St | T | 895 |
| mi | डु मिञ् | U | At | T | 1250 |
| micch | मिछँ | P | St | T* | 1297 |
| miñj | मिजिँ | U | St | T | 1756 |
| mid | ञि मिदाँ | A* | St | I | 743 |

| | | | | | | | | | | | |
|---|---|---|---|---|---|---|---|---|---|---|---|
| mid | मिदृँ॑ | U | St | T | 868 | muḍ | मुडँ | P | St | T | 323 |
| mid | ञिमिदाँ | P | St | I | 1243 | muṇ | मुणँ | P | St | T | 1334 |
| mind | मिदिँ | U | St | T | 1541 | muṇṭh | मुठिँ॒ | A | St | T | 265 |
| minv | मिविँ | P | St | T | 589 | muṇḍ | मुडिँ॒ | A | St | T | 275 |
| mil | मिलँ | P | St | T | 1364 | muṇḍ | मुडिँ | P | St | T | 326 |
| mil | मिलँ॑ | U | St | I | 1429 | mud | मुदँ॒ | A | St | I | 16 |
| miś | मिशँ | P | St | I | 723 | mud | मुदँ | U | St | T | 1740 |
| miśr | मिश्र | U | St | T | 1921 | mur | मुरँ | P | St | T | 1343 |
| miṣ | मिषुँ | P | St | T | 699 | murch | मुर्छाँ | P | St | I | 212 |
| miṣ | मिषँ | P | St | T | 1352 | murv | मुर्वीँ | P | St | T | 575 |
| mih | मि॒हँ | P | At | T | 992 | muṣ | मुषँ | P | St | D | 1530 |
| mī | मी॒ङ् | A | At | I | 1137 | mus | मुसँ | P | St | T | 1220 |
| mī | मी॒ञ् | U | At | T | 1476 | must | मुस्तँ | U | St | I | 1631 |
| mī | मी | U | St | T | 1824 | muh | मुहँ | P | Vt | T | 1198 |
| mīm | मीमृँ | P | St | T* | 468 | mū | मूङ् | A | St | T | 967 |
| mīl | मीलँ | P | St | I | 517 | mūtr | मूत्र | U | St | T | 1909 |
| mīv | मीवँ | P | St | I | 564 | mūl | मूलँ | P | St | I | 529 |
| muc | मुचॢँ॑ | U | At | T | 1430 | mūl | मूलँ | U | St | T | 1603 |
| muc | मुचँ | U | St | T | 1743 | mūṣ | मूषँ | P | St | T | 676 |
| muj | मुजँ | P | St | I | 250 | mṛ | मृ॒ङ् | A* | At | I | 1403 |
| muñc | मुचिँ॒ | A | St | I | 172 | mṛkṣ | मृक्षँ | P | St | I | 664 |
| muñj | मुजिँ | P | St | I | 251 | mṛg | मृग | A | St | T | 1900 |
| muṭ | मुटँ | P | St | I | 1374 | mṛj | मृजूँ | U | St | T | 1848 |
| muṭ | मुटँ | U | St | T | 1614 | mṛj | मृजूँ | P | Vt | T | 1066 |

| | | | | | |
|---|---|---|---|---|---|
| mṛḍ | मृडँ | P | St | T | 1327 |
| mṛḍ | मृडँ | P | St | T | 1516 |
| mṛṇ | मृणँ | P | St | T | 1331 |
| mṛd | मृदँ | P | St | T | 1515 |
| mṛdh | मृधुँ | U | St | I | 874 |
| mṛś | मृशँ | P | At | T | 1425 |
| mṛṣ | मृषुँ | P | St | T | 707 |
| mṛṣ | मृषँ | U | St | T | 1164 |
| mṛṣ | मृषँ | U | St | T | 1849 |
| mṝ | मॄ | P | St | T | 1492 |
| me | मेङ् | A | At | T | 961 |
| med | मेदृँ | U | St | T | 869 |
| medh | मेधृँ | U | St | T | 870 |
| mep | मेपृँ | A | St | T | 371 |
| mev | मेवृँ | A | St | T | 505 |
| mnā | म्ना | P | At | T | 929 |
| mrakṣ | म्रक्षँ | U | St | I | 1661 |
| mrad | म्रदँ | A | St | T | 767 |
| mruc | म्रुचुँ | P | St | T | 195 |
| mruñc | म्रुञ्चुँ | P | St | T | 193 |
| mreḍ | म्रेडृँ | P | St | I | 293 |
| mluc | म्लुचुँ | P | St | T | 196 |
| mluñc | म्लुञ्चुँ | P | St | T | 194 |
| mlecch | म्लेच्छँ | P | St | I | 205 |
| mlecch | म्लेच्छँ | U | St | I | 1662 |
| mleṭ | म्लेटृँ | P | St | I | 292 |
| mlev | म्लेवृँ | A | St | T | 506 |
| mlai | म्लै | P | At | I | 904 |
| yakṣ | यक्षँ | A | St | T | 1692 |
| yaj | यजँ | U | At | T | 1002 |
| yat | यतीँ | A | St | I | 30 |
| yat | यतँ | U | St | I | 1735 |
| yantr | यत्रिँ | U | St | T | 1536 |
| yabh | यभँ | P | At | I | 980 |
| yam | यमँ | P | At | T | 984 |
| yam | यमः | P | St | T | 819 |
| yam | यमँ | U | St | T | 1625 |
| yas | यसुँ | P | St | I | 1210 |
| yā | या | P | At | T | 1049 |
| yāc | टुयाचृँ | U | St | D | 863 |
| yu | युञ् | U | At | T | 1479 |
| yu | यु | P | St | T | 1033 |
| yu | यु | A | St | T | 1710 |
| yuṅg | युगिँ | P | St | T | 156 |
| yucch | युछँ | P | St | I | 214 |
| yuj | युजँ | A | At | I | 1177 |
| yuj | युजिँर् | U | At | T | 1444 |
| yuj | युजँ | U | St | T | 1806 |

819 यमोऽपरिवेषणे Here यमो is by sandhi, so Root is read as यमः

| | | | | | |
|---|---|---|---|---|---|
| yut | युतृँ | A | St | I | 31 |
| yudh | युधँ॒ | A | At | I | 1173 |
| yup | युपँ | P | St | T | 1235 |
| yūṣ | यूषँ | P | St | T | 680 |
| yauṭ | यौटृँ | P | St | T | 291 |
| raṃh | रहिँ | P | St | T | 732 |
| raṃh | रहिँ | U | St | T | 1798 |
| rak | रकँ | U | St | T | 1736 |
| rakṣ | रक्षँ | P | St | T | 658 |
| rakh | रखँ | P | St | T | 136 |
| rag | रगँ | P | St | T | 785 |
| raṅkh | रखिँ | P | St | T | 137 |
| raṅg | रगिँ | P | St | T | 144 |
| raṅgh | रघि॒ | A | St | T | 107 |
| raṅgh | रघिँ | U | St | T | 1795 |
| rac | रच | U | St | T | 1864 |
| rañj | र॒ञ्जँ॑ | U | At | I | 999 |
| rañj | र॒ञ्जँ॑ | U | At | I | 1167 |
| raṭ | रटँ | P | St | T | 297 |
| raṭ | रटँ | P | St | T | 334 |
| raṇ | रणँ | P | St | I | 445 |
| raṇ | रणँ | P | St | T | 795 |
| rad | रदँ | P | St | T | 53 |
| radh | रधँ | P | Vt | T | 1193 |
| ranv | रविँ | P | St | T | 596 |
| rap | रपँ | P | St | T | 401 |
| raph | रफँ | P | St | T | 413 |
| rabh | र॒भँ | A | At | T | 974 |
| ram | र॒मुँ | A | At | I | 853 |
| ramph | रफिँ | P | St | T | 414 |
| ramb | रबि॒ | A | St | I | 376 |
| ray | रयँ॒ | A | St | T | 482 |
| ras | रसँ | P | St | I | 713 |
| ras | रस | U | St | T | 1931 |
| rah | रहँ | P | St | T | 731 |
| rah | रहँ | U | St | T | 1627 |
| rah | रह | U | St | T | 1858 |
| rā | रा॒ | P | At | T | 1057 |
| rākh | राखृँ | P | St | T | 122 |
| rāgh | राघृँ | A | St | I | 112 |
| rāj | राजृँ॑ | U | St | I | 822 |
| rādh | रा॒धँ | P | At | I | 1180 |
| rādh | रा॒धँ | P | At | I | 1262 |
| rās | रासृँ | A | St | I | 626 |
| ri | रि॒ | P | At | T | 1275 |
| ri | रि॒ | P | At | T | 1404 |
| riṅg | रिगिँ | P | St | T | 154 |
| ric | रि॒चिँर् | U | At | T | 1441 |

| | | | | | | | | | | | |
|---|---|---|---|---|---|---|---|---|---|---|---|
| ric | रिचँ | U | St | T | 1816 | ruś | रु॒शँ | P | At | T | 1419 |
| rinv | रिविँ | P | St | T | 595 | ruṣ | रुषँ | P | St* | T | 693 |
| riph | रिफँ | P | St | T | 1306 | ruṣ | रुषँ | P | St | I | 1230 |
| riś | रि॒शँ | P | At | T | 1420 | ruṣ | रुषँ | U | St | I | 1670 |
| riṣ | रिषँ | P | St | T | 694 | ruh | रु॒हँ | P | At | I | 859 |
| riṣ | रिषँ | P | St | T | 1231 | rūkṣ | रूक्ष | U | St | I | 1910 |
| rī | री॒ङ् | A | At | T | 1138 | rūp | रूप | U | St | T | 1933 |
| rī | री॒ | P | At | T | 1500 | rūṣ | रूषँ | P | St | T | 678 |
| ru | रु॒ङ् | A | At | T | 959 | rek | रेकृँ | A | St | T | 80 |
| ru | रु | P | St | T | 1034 | reṭ | रेटृँ | U | St | T | 864 |
| ruṃś | रुशिँ | U | St | T | 1788 | rep | रेपृँ | A | St | T | 372 |
| ruṃs | रुसिँ | U | St | T | 1790 | rebh | रेभृँ | A | St | I | 385 |
| ruc | रुच॒ँ | A* | St | I | 745 | rev | रेवृँ | A | St | I | 507 |
| ruj | रु॒जोँ | P | At | T | 1416 | reṣ | रेषृँ | A | St | I | 620 |
| ruj | रुजँ | U | St | T | 1804 | rai | रै॒ | P | At | I | 909 |
| ruṭ | रुट॒ँ | A* | St | T | 747 | roḍ | रोडृँ | P | St | I | 356 |
| ruṭ | रुटँ | U | St | T | 1783 | rauḍ | रौडृँ | P | St | T | 355 |
| ruṭh | रुठँ | P | St | T | 336 | lakṣ | लक्षँ | U | St | T | 1538 |
| ruṇṭ | रुटिँ | P | St | T | 327 | lakṣ | लक्ष॒ँ | A | St | T | 1696 |
| ruṇṭh | रुठिँ | P | St | T | 345 | lakh | लखँ | P | St | T | 138 |
| rud | रुदिँर् | P | St | I | 1067 | lag | लगेँ | P | St | I | 786 |
| rudh | अनो<br>रु॒ध॒ँ | A | At | I | 1174 | lag | लगँ | U | St | T | 1737 |
| rudh | रु॒धिँर् | U | At | D | 1438 | laṅkh | लखिँ | P | St | T | 139 |
| rup | रुपँ | P | St | T | 1236 | laṅg | लगिँ | P | St | T | 145 |

| | | | | | | | | | | | |
|---|---|---|---|---|---|---|---|---|---|---|---|
| laṅgh | लघि॒ँ | A | St | T* | 108 | lā | ला॒ | P | At | T | 1058 |
| laṅgh | लघिँ | U | St | T | 1760 | lākh | लाखृँ | P | St | T | 123 |
| laṅgh | लघिँ | U | St | T | 1796 | lāgh | लाघृँ | A | St | I | 113 |
| lacch | लछँ | P | St | T | 206 | lāj | लाजँ | P | St | T | 240 |
| laj | लजँ | P | St | T | 238 | lāñch | लाछिँ | P | St | T | 207 |
| laj | ओँलजी॒ँ | A | St | I | 1290 | lāñj | लाजिँ | P | St | T | 241 |
| laj | लज | U | St | I | 1920 | lābh | लाभ | U | St | T | 1936 |
| lañj | लजिँ | P | St | T | 239 | likh | लिखँ | P | St | T | 1365 |
| lañj | लजिँ | U | St | T | 1784 | liṅg | लिगिँ | P | St | T | 155 |
| laṭ | लटँ | P | St | I | 298 | liṅg | लिगिँ | U | St | T | 1739 |
| laḍ | लडँ | P | St | I | 359 | lip | लि॒पँ॑ | U | At | T | 1433 |
| laḍ | लडिः | P | St | I | 814 | liś | लि॒शँ॒ | A | At | I | 1179 |
| laḍ | लडँ | U | St | T | 1540 | liś | लि॒शँ | P | At | T | 1421 |
| laṇḍ | लडिँ | U | St | T | 1800 | lih | लि॒हँ॑ | U | At | T | 1016 |
| lap | लपँ | P | St | I | 402 | lī | ली॒ङ् | A | At | I | 1139 |
| labh | डुल॒भ॒ँष् | A | At | T | 975 | lī | ली॒ | P | At | I | 1501 |
| lamb | लबि॒ँ | A | St | I | 377 | lī | ली | U | St | T | 1811 |
| lamb | लबि॒ँ | A | St | I | 379 | luñc | लुञ्चँ | P | St | T | 187 |
| larb | लर्बँ | P | St | T | 417 | luñj | लुजिँ | U | St | T | 1758 |
| lal | लल॒ँ | A | St | T | 1687 | luṭ | लुटँ | P | St | T | 314 |
| laṣ | लषँ॑ | U | St | T | 888 | luṭ | लुट॒ँ | A* | St | T | 748 |
| las | लसँ | P | St | I | 714 | luṭ | लुटँ | P | St | I | 1222 |
| las | लसँ | U | St | I | 1728 | luṭ | लुटँ | P | St | T | 1381 |
| lasj | ओँलस्जी॒ँ | A | St | I | 1291 | luṭ | लुटँ | U | St | T | 1754 |

Note: 814 laḍ लडिः Here the इ is not a Tag, but for मित् classification. Hence no candrabindu.

| | | | | | |
|---|---|---|---|---|---|
| luṭh | लुठँ | P | St | T | 337 |
| luṭh | लुठँ॒ | A* | St | T | 749 |
| luṭh | लुठँ | P | St | I | 1222 |
| luṇṭ | लुटिँ | P | St | I | 328 |
| luṇṭh | लुठिँ | P | St | T | 343 |
| luṇṭh | लुठिँ | P | St | T | 346 |
| luṇṭh | लुण्ठँ | U | St | T | 1563 |
| lunth | लुथिँ | P | St | T | 45 |
| lup | लु॒पॢँ॑ | U | At | T | 1431 |
| lup | लुपँ | P | St | T | 1237 |
| lubh | लुभँ | P | St | T | 1238 |
| lubh | लुभँ | P | St | T | 1305 |
| lumb | लुबिँ | P | St | T | 427 |
| lumb | लुबिँ | U | St | T | 1656 |
| lū | लूञ् | U | St | T | 1483 |
| lūṣ | लूषँ | P | St | T | 677 |
| lūṣ | लूषँ | U | St | T | 1610 |
| lep | लेपृँ | A | St | T | 373 |
| lok | लोकृँ॒ | A | St | T | 76 |
| lok | लोकृँ | U | St | T | 1776 |
| loc | लोचृँ॒ | A | St | T | 164 |
| loc | लोचृँ | U | St | T | 1777 |
| loḍ | लोडृँ | P | St | I | 357 |
| loṣṭ | लोष्टँ॒ | A | St | I | 258 |
| vakṣ | वक्षँ | P | St | I | 663 |
| vakh | वखँ | P | St | T | 130 |
| vaṅk | वकिँ॒ | A | St | I | 88 |
| vaṅk | वकिँ॒ | A | St | T | 95 |
| vaṅkh | वखिँ | P | St | T | 131 |
| vaṅg | वगिँ | P | St | T | 147 |
| vaṅgh | वघिँ॒ | A | St | T | 110 |
| vac | व॒चँ | P | At | D | 1063 |
| vac | वचँ | U | St | T | 1842 |
| vaj | वजँ | P | St | T | 252 |
| vañc | वञ्चुँ | P | St | T | 189 |
| vañc | वञ्चुँ | A | St | T | 1703 |
| vaṭ | वटँ | P | St | T | 300 |
| vaṭ | वटँ | P | St | T | 779 |
| vaṭ | वट | U | St | T | 1857 |
| vaṭ | वट | U | St | T | 1919 |
| vaṭh | वठँ | P | St | I | 331 |
| vaṇ | वणँ | P | St | I | 446 |
| vaṇṭ | वटिँ | U | St | T | 1586 |
| vaṇṭh | वठिँ॒ | A | St | I | 262 |
| vaṇḍ | वडिँ॒ | A | St | T | 271 |
| vad | वदँ | P* | St | T | 1009 |
| vad | वदँ॑ | U | St | T | 1841 |
| van | वनँ | P | St | T | 462 |
| van | वनँ | P | St | T | 463 |

| | | | | | |
|---|---|---|---|---|---|
| van | वनँ | P | St | T | 803 |
| van | वनुँ॒ | A* | St | T | 1470 |
| vand | वदिँ॒ | A | St | T | 11 |
| vap | डुवपँ॒ | U | At | T | 1003 |
| vabhr | वभ्रँ | P | St | T | 557 |
| vam | टुवमँ | P | St | T | 849 |
| vay | वयँ॒ | A | St | T | 475 |
| var | वर | U | St | T | 1852 |
| varc | वर्चँ॒ | A | St | I | 162 |
| varṇ | वर्णँ | U | St | T | 1551 |
| varṇ | वर्ण | U | St | T | 1938 |
| vardh | वर्धँ | U | St | T | 1654 |
| varṣ | वर्षँ॒ | A | St | I | 613 |
| varh | वर्हँ॒ | A | St | T | 640 |
| val | वलँ॒ | A | St | T | 491 |
| valk | वल्कँ | U | St | T | 1571 |
| valg | वल्गँ | P | St | T | 143 |
| valbh | वल्भँ॒ | A | St | T | 391 |
| vall | वल्लँ॒ | A | St | T | 492 |
| valh | वल्हँ॒ | A | St | T | 641 |
| vaś | वशँ | P | St | T | 1080 |
| vaṣ | वषँ | P | St | T | 691 |
| vas | व॒सँ | P | At | I | 1005 |
| vas | वसँ॒ | A | St | T | 1023 |
| vas | वसुँ॒ | P | St | I | 1214 |
| vas | वसँ | U | St | T | 1744 |
| vas | वस | U | St | T | 1942 |
| vask | वस्कँ॒ | A | St | T | 101 |
| vah | व॒हँ॑ | U | At | D* | 1004 |
| vā | वा॒ | P | At | T | 1050 |
| vāṅkṣ | वाक्षिँ | P | St | T | 668 |
| vāñch | वाछिँ | P | St | T | 208 |
| vāt | वात | U | St | T | 1882 |
| vāś | वाशृँ॒ | A | St | I | 1163 |
| vās | वास | U | St | T | 1884 |
| vāh | वाहृँ॒ | A | St | I | 645 |
| vic | वि॒चिँर् | U | At | T | 1442 |
| vicch | विछँ | P | St | T | 1423 |
| vicch | विछँ | U | St | T | 1773 |
| vij | वि॒जिँर् | U | At | I | 1094 |
| vij | ओँ<br>विजीँ॒ | A | St | I | 1289 |
| vij | ओँ<br>विजीँ | P | St | I | 1460 |
| viṭ | विटँ | P | St | I | 316 |
| vith | विथृँ॒ | A | St | D | 33 |
| vid | वि॒दँ॒ | A | At | I | 1171 |
| vid | वि॒दँ॒ | A | At | T | 1450 |
| vid | विदँ | P | St | T | 1064 |
| vid | विदँ | A | St | T | 1708 |

1003 डुवप् Here प् is not a Tag letter, hence we have given candrabindu.

| | | | | | |
|---|---|---|---|---|---|
| vid | विदॢँ॑ | U | Att* | T | 1432 |
| vidh | विधँ | P | St | T | 1325 |
| vil | विलँ | P | St | T | 1358 |
| vil | विलँ | U | St | T | 1605 |
| viś | वि॒शँ | P | At | T | 1424 |
| viṣ | वि॒षुँ | P | At | T | 698 |
| viṣ | वि॒षॢँ॑ | U | At | T | 1095 |
| viṣ | वि॒षँ | P | At | I | 1526 |
| viṣk | विष्कँ॒ | A | St | T | 1685 |
| viṣk | विष्क | U | St | T | 1940 |
| vī | वी॒ | P | At | T | 1048 |
| vīr | वीर | A | St | T | 1903 |
| vṛ | वृञ् | U | St | T | 1254 |
| vṛ | वृङ् | A | St | T | 1509 |
| vṛ | वृञ् | U | St | T | 1813 |
| vṛk | वृकँ॒ | A | St | T | 92 |
| vṛkṣ | वृक्षँ॒ | A | St | T | 604 |
| vṛj | वृजीँ॒ | A | St | T | 1029 |
| vṛj | वृजीँ | P | St | T | 1461 |
| vṛj | वृजीँ | U | St | T | 1812 |
| vṛṇ | वृणँ | P | St | T | 1330 |
| vṛt | वृतुँ॒ | A* | St* | I | 758 |
| vṛt | वृतुँ॒ | A | St | T | 1160 |
| vṛt | वृतुँ॒ | U | St | T | 1781 |

| | | | | | |
|---|---|---|---|---|---|
| vṛdh | वृधुँ | A* | St* | I | 759 |
| vṛdh | वृधुँ | U | St | T | 1782 |
| vṛś | वृशँ | P | St | T | 1226 |
| vṛṣ | वृषुँ | P | St | T | 706 |
| vṛṣ | वृषँ॒ | A | St | I | 1704 |
| vṛh | वृहूँ | P | Vt | T | 1347 |
| vṝ | वॄञ् | U | St | T | 1486 |
| vṝ | वॄ | P | St | T | 1490 |
| ve | वे॒ञ् | U | At | T | 1006 |
| veṇ | वेणृँ॑ | U | St | T | 877 |
| veth | वेथृँ॒ | A | St | D | 34 |
| vep | टुवेपृँ॒ | A | St | I | 367 |
| vel | वेलृँ | P | St | T | 535 |
| vel | वेल | U | St | T | 1880 |
| vell | वेल्लँ | P | St | I | 540 |
| vevī | वेवीङ् | A | St | T* | 1077 |
| veṣṭ | वेष्टँ॒ | A | St | T | 255 |
| veh | वेहृँ॒ | A | St | I | 643 |
| vai | ओँवै॒ | P | At | I | 921 |
| vyac | व्यचँ | P | St | T | 1293 |
| vyath | व्यथँ॒ | A | St | I | 764 |
| vyadh | व्य॒धँ | P | At | T | 1181 |
| vyay | व्ययँ॑ | U* | St | T | 881 |
| vyay | व्यय | U | St | T | 1932 |

| | | | | | |
|---|---|---|---|---|---|
| vyuṣ | व्युषँ | P | St | T | 1114 |
| vyuṣ | व्युषँ | P | St | T | 1215 |
| vye | व्येञ् | U | At | T | 1007 |
| vraj | व्रजँ | P | St | T | 253 |
| vraj | व्रजँ | U | St | T | 1617 |
| vraṇ | व्रणँ | P | St | I | 451 |
| vraṇ | व्रण | U | St | T | 1937 |
| vraśc | ओँव्रश्चूँ | P | Vt | T | 1292 |
| vrī | व्रीङ् | A | At | T | 1140 |
| vrī | व्री | P | At | T | 1504 |
| vrīḍ | व्रीडँ | P | St | T | 1126 |
| vruḍ | व्रुडँ | P | St | T | 1393 |
| vlī | व्ली | P | At | T | 1502 |
| śaṃs | आङः शसिँ | A | St | T | 629 |
| śaṃs | शंसुँ | P | St | T | 728 |
| śak | शक्लृँ | P | At | I | 1261 |
| śak | शकँ | U | At* | I | 1187 |
| śaṅk | शकिँ | A | St | T | 86 |
| śac | शचँ | A | St | T | 165 |
| śaṭ | शटँ | P | St | T | 299 |
| śaṭh | शठँ | P | St | T | 340 |
| śaṭh | शठँ | U | St | T | 1564 |
| śaṭh | शठँ | A | St | T | 1691 |
| śaṭh | शठ | U | St | T | 1854 |
| śaṇ | शणँ | P | St | T | 797 |
| śaṇḍ | शडिँ | A | St | I | 279 |
| śad | शद्लृँ | P* | At | I | 855 |
| śad | शद्लृँ | P* | At | I | 1428 |
| śap | शपँ | U | At | T | 1000 |
| śap | शपँ | U | At | T | 1168 |
| śabd | शब्दँ | U | St | T | 1714 |
| śam | शमः | P | St | T | 818 |
| śam | शमुँ | P | St | I | 1201 |
| śam | शमँ | A | St | T | 1695 |
| śamb | शम्बँ | U | St | T | 1556 |
| śarb | शर्बँ | P | St | T | 423 |
| śarv | शर्वँ | P | St | T | 585 |
| śal | शलँ | A | St | I | 490 |
| śal | शलँ | P | St | T | 843 |
| śalbh | शल्भँ | A | St | T | 390 |
| śav | शवँ | P | St | T | 725 |
| śaś | शशँ | P | St | I | 726 |
| śaṣ | शषँ | P | St | T | 690 |
| śas | शसुँ | P | St | T | 727 |
| śākh | शाखृँ | P | St | T | 126 |
| śāḍ | शाडृँ | A | St | T | 289 |
| śān | शानँ | U | St | T | 995 |
| śās | आङः शासुँ | A | St | T | 1022 |

818 शमोऽदर्शने Here शमो is by sandhi, so Root is read as शमः

| | | | | | |
|---|---|---|---|---|---|
| śās | शासुँ | P | St | D | 1075 |
| śi | शि॒ञ् | U | At | T | 1249 |
| śikṣ | शिक्षँ॒ | A | St | T | 605 |
| śiṅgh | शिघिँ | P | St | T | 161 |
| śiñj | शिजि॒ँ | A | St | I | 1027 |
| śiṭ | शिटँ | P | St | T | 303 |
| śil | शिलँ | P | St | T | 1362 |
| śiṣ | शि॒षँ | P | At | T | 687 |
| śiṣ | शि॒षॢँ | P | At | T | 1451 |
| śiṣ | शिषँ | U | St | T | 1817 |
| śī | शीङ् | A | St | I | 1032 |
| śīk | शीकृँ | A | St | T | 75 |
| śīk | शीकँ | U | St | T | 1789 |
| śīk | शीकँ | U | St | T | 1826 |
| śībh | शीभृँ | A | St | T | 383 |
| śīl | शीलँ | P | St | I | 523 |
| śīl | शील | U | St | T | 1878 |
| śuc | शुचँ | P | St | I | 183 |
| śuc | ईँशुचिँर् | U | St | I | 1165 |
| śucy | शुच्यँ | P | St | I | 513 |
| śuṭh | शुठँ | P | St | T | 341 |
| śuṭh | शुठँ | U | St | I | 1644 |
| śuṇṭh | शुठिँ | P | St | T | 344 |
| śuṇṭh | शुठिँ | U | St | T | 1645 |
| śudh | शु॒धँ | P | At | I | 1191 |
| śun | शुनँ | P | St | T | 1336 |
| śundh | शुन्धँ | P | St | I | 74 |
| śundh | शुन्धँ | U | St | I | 1832 |
| śubh | शुभँ | P | St | T | 432 |
| śubh | शुभ॒ँ | A* | St | I | 750 |
| śubh | शुभँ | P | St | I | 1321 |
| śumbh | शुम्भँ | P | St | T | 433 |
| śumbh | शुम्भँ | P | St | I | 1322 |
| śulk | शुल्कँ | U | St | T | 1618 |
| śulb | शुल्बँ | U | St | T | 1611 |
| śuṣ | शु॒षँ | P | At | I | 1183 |
| śūr | शूरीँ॒ | A | St | T | 1157 |
| śūr | शूर | A | St | T | 1902 |
| śūrp | शूर्पँ | U | St | T | 1612 |
| śūl | शूलँ | P | St | T | 526 |
| śūṣ | शूषँ | P | St | T | 679 |
| śṛdh | शृधुँ | A* | St* | I | 760 |
| śṛdh | शृधुँ | U | St | I | 873 |
| śṛdh | शृधुँ | U | St | T | 1734 |
| śṝ | शॄ | P | St | T | 1488 |
| śel | शेलृँ | P | St | T | 543 |
| śai | शै॒ | P | At | T | 918 |
| śo | शो॒ | P | At | T | 1145 |

| | | | | | |
|---|---|---|---|---|---|
| śoṇ | शोणृँ | P | St | I | 455 |
| śauṭ | शौटृँ | P | St | I | 290 |
| ścyut | श्च्युतिर् | P | St | T | 41 |
| śmīl | श्मीलँ | P | St | I | 518 |
| śyai | श्यैङ् | A | At | T | 963 |
| śraṅk | श्रकिँ | A | St | T | 84 |
| śraṅg | श्रगिँ | P | St | T | 151 |
| śraṇ | श्रणँ | P | St | T | 798 |
| śraṇ | श्रणँ | U | St | T | 1578 |
| śrath | श्रथँ | P | St | T | 799 |
| śrath | श्रथँ | U | St | I | 1546 |
| śrath | श्रथँ | U | St | T | 1823 |
| śrath | श्रथ | U | St | I | 1870 |
| śranth | श्रथिँ | A | St | I | 35 |
| śranth | श्रन्थँ | P | St | T | 1510 |
| śranth | श्रन्थँ | P | St | T | 1512 |
| śranth | श्रन्थँ | U | St | T | 1837 |
| śram | श्रमुँ | P | St | I | 1204 |
| śrambh | श्रम्भुँ | A | St | I | 393 |
| śrā | श्रा | P | At | T | 810 |
| śrā | श्रा | P | At | T | 1053 |
| śri | श्रिञ् | U | St | T | 897 |
| śriṣ | श्रिषुँ | P | St | T | 701 |
| śrī | श्रीञ् | U | At | T | 1475 |
| śru | श्रु | P | At | T | 942 |
| śrai | श्रै | P | At | T | 919 |
| śroṇ | श्रोणृँ | P | St | I | 456 |
| ślaṅk | श्लकिँ | A | St | T | 85 |
| ślaṅg | श्लगिँ | P | St | T | 152 |
| ślatha | श्लथँ | P | St | T | 800 |
| ślākh | श्लाखृँ | P | St | T | 127 |
| ślāgh | श्लाघृँ | A | St | T | 115 |
| śliṣ | श्लिषँ | P | At | T | 1186 |
| śliṣ | श्लिषुँ | P | St | T | 702 |
| śliṣ | श्लिषँ | U | St | T | 1574 |
| ślok | श्लोकृँ | A | St | T | 77 |
| śloṇ | श्लोणृँ | P | St | I | 457 |
| śvaṅk | श्वकिँ | A | St | T | 96 |
| śvac | श्वचँ | A | St | T | 166 |
| śvañc | श्वचिँ | A | St | T | 167 |
| śvaṭh | श्वठँ | U | St | T | 1565 |
| śvaṭh | श्वठ | U | St | T | 1855 |
| śvabhr | श्वभ्रँ | U | St | T | 1623 |
| śvart | श्वर्तँ | U | St | T | 1622 |
| śval | श्वलँ | P | St | I | 549 |
| śvalk | श्वल्कँ | U | St | T | 1570 |
| śvall | श्वल्लँ | P | St | I | 550 |
| śvas | श्वसँ | P | St | I | 1069 |
| śvi | टुओँश्विँ | P | St | I | 1010 |

| | | | | | |
|---|---|---|---|---|---|
| śvit | श्वि॒ताँ | A* | St | I | 742 |
| śvind | श्वि॒दिँ | A | St | I | 10 |
| ṣṭhiv | ष्ठिवुँ | P | St | I | 560 |
| ṣṭhiv | ष्ठिवुँ | P | St | T | 1110 |
| ṣvaṣk | ष्वष्कँ॒ | A | St | T | 100 |
| saṃst | षस्तिँ | P | St | I | 1079 |
| sag | षगेँ | P | St | T | 789 |
| sagh | षघँ | P | St | T | 1268 |
| saṅket | सङ्केत | U | St | T | 1891 |
| saṅ grām | सङ्ग्रामँ॒ | A | St | I | 1922 |
| sac | षच॒ँ | A | St | T | 163 |
| sac | षचँ॑ | U | St | I | 997 |
| sañj | ष॒ञ्जँ | P | At | T | 987 |
| saṭ | षटँ | P | St | I | 313 |
| saṭṭ | षट्टँ | U | St | T | 1633 |
| saṇ | षणँ | P | St | T | 464 |
| satr | सत्र | A | St | I | 1906 |
| sad | ष॒दॢँ | P | At | T | 854 |
| sad | ष॒दॢ | P | At | I | 1427 |
| sad | आङः षदँ | U | St* | T | 1831 |
| san | षणुँ॑ | U | St | T | 1464 |
| sap | षपँ | P | St | T | 400 |
| sabhāj | सभाज | U | St | T | 1887 |
| sam | षमँ | P | St | I | 829 |
| samb | षम्बँ | U | St | T | 1555 |
| sarj | षर्जँ | P | St | T | 225 |
| sarb | षर्बँ | P | St | T | 424 |
| sarv | षर्वँ | P | St | T | 586 |
| sal | षलँ | P | St | T | 547 |
| sas | षसँ | P | St | I | 1078 |
| sasj | षस्जँ | P* | St | T | 202 |
| sah | षहँ॒ | A | St | T | 852 |
| sah | षहँ | P | St | I | 1128 |
| sah | षहँ | U | St | T | 1809 |
| sādh | सा॒धँ | P | At | T | 1263 |
| sāntv | षान्त्वँ | U | St | T | 1569 |
| sām | साम | U | St | T | 1879 |
| sār | सार | U | St | T | 1868 |
| si | षि॒ञ् | U | At | T | 1248 |
| si | षि॒ञ् | U | At | T | 1477 |
| sic | षि॒चँ॑ | U | At | T | 1434 |
| siṭ | षिटँ | P | St | T | 304 |
| sidh | षि॒धुँ | P | At | I | 1192 |
| sidh | षिधँ | P | St | T | 47 |
| sidh | षिधूँ | P | Vt | T | 48 |
| sil | षिलँ | P | St | T | 1363 |
| siv | षिवुँ | P | St | T | 1108 |
| su | षु॒ | P | At | T* | 941 |

1922 सङ्ग्रामँ॒ explicitly mentioned Anudatta with अ candrabindu in Siddhanta Kaumudi.

| | | | | | |
|---|---|---|---|---|---|
| su | षु | P | At | T | 1041 |
| su | षुञ् | U | At | T* | 1247 |
| sukh | सुख | U | St | T | 1929 |
| suṭṭ | षुट्टँ | U | St | T | 1562 |
| sur | षुरँ | P | St | I | 1340 |
| suh | षुहँ | P | St | I | 1129 |
| sū | षू | P | St | T | 1408 |
| sū | षूङ् | A | Vt | T | 1031 |
| sū | षूङ् | A | Vt | T | 1132 |
| sūc | सूच | U | St | T | 1873 |
| sūtr | सूत्र | U | St | T | 1908 |
| sūd | षूदँ॒ | A | St | I | 25 |
| sūd | षूदँ | U | St | T | 1717 |
| sūrkṣ | सूर्क्षँ | P | St | T | 666 |
| sūrkṣy | सूर्क्ष्यँ | P | St | I | 509 |
| sṛ | सृ | P | At | T | 935 |
| sṛ | सृ | P | At | T | 1099 |
| sṛj | सृजँ॒ | A | At | I | 1178 |
| sṛj | सृजँ | P | At | T | 1414 |
| sṛp | सृपॢँ | P | At | T | 983 |
| sṛbh | षृभुँ | P | St | T | 430 |
| sṛmbh | षृम्भुँ | P | St | T | 431 |
| sek | सेकृँ | A | St | T | 81 |
| sev | षेवृँ | A | St | T | 501 |
| sai | षै॒ | P | At | I | 915 |
| so | षो॒ | P | At | T | 1147 |
| skand | स्क॒न्दिँर् | P | At | T | 979 |
| skambh | स्कभिँ॒ | A | St | T | 387 |
| sku | स्कु॒ञ् | U | At | T | 1478 |
| skund | स्कुदिँ॒ | A | St | T | 9 |
| skhad | स्खदँ॒ | A | St | T | 768 |
| skhad | स्खदिँ॒र् | A | St | T | 820 |
| skhal | स्खलँ | P | St | I | 544 |
| stak | ष्टकँ | P | St | T | 782 |
| stag | ष्टगँ | P | St | T | 790 |
| stan | ष्टनँ | P | St | I | 461 |
| stan | स्तन | U | St | T | 1859 |
| stam | ष्टमँ | P | St | I | 830 |
| stambh | ष्टभिँ॒ | A | St | T | 386 |
| stigh | ष्टिघँ॒ | A | St | T | 1265 |
| stip | ष्टिपृँ | A | St | I | 364 |
| stim | ष्टिमँ | P | St | I | 1124 |
| stīm | ष्टीमँ | P | St | I | 1125 |
| stu | ष्टुञ् | U | At | T | 1043 |
| stuc | ष्टुचँ॒ | A | St | I | 175 |
| stup | ष्टुपँ | U | St | T | 1672 |
| stubh | ष्टुभुँ | A | St | I | 394 |
| stṛ | स्तृ॒ञ् | U | At | T | 1252 |

| | | | | | |
|---|---|---|---|---|---|
| stṛh | स्तृहूँ | P | Vt | T | 1349 |
| stṝ | स्तॄञ् | U | St | T | 1484 |
| sten | स्तेन | U | St | T | 1897 |
| step | ष्टेपृँ | A | St | I | 365 |
| stai | ष्टै | P | At | T | 922 |
| stom | स्तोम | U | St | T | 1923 |
| styai | स्त्यै | P | At | I | 910 |
| styai | ष्ट्यै | P | At | I | 911 |
| strakṣ | ष्ट्रक्षँ | P | St | T | 661 |
| sthal | ष्ठलँ | P | St | I | 836 |
| sthā | ष्ठा | P* | At | I | 928 |
| sthuḍ | स्थुडँ | P | St | T | 1388 |
| sthūl | स्थूल | A | St | I | 1904 |
| snas | ष्णसुँ | P | St | T | 1112 |
| snā | ष्णा | P | At | I | 1052 |
| snih | ष्णिहँ | U | St | I | 1572 |
| snih | ष्णिहँ | P | Vt | I | 1200 |
| snu | ष्णु | P | St | I | 1038 |
| snus | ष्णुसुँ | P | St | T | 1111 |
| snuh | ष्णुहँ | P | Vt | T | 1199 |
| snai | ष्णै | P | At | T | 923 |
| spand | स्पदिँ | A | St | I | 14 |
| spardh | स्पर्धँ | A | St | I | 3 |
| spaś | स्पशँ | U | St | T | 887 |
| spaś | स्पशँ | A | St | T | 1680 |
| spṛ | स्पृ | P | At | T | 1259 |
| spṛś | स्पृशँ | P | At | T | 1422 |
| spṛh | स्पृह | U | St | T | 1871 |
| sphāy | स्फायीँ | A | St | I | 487 |
| sphiṭṭ | स्फिट्टँ | U | St | T | 1634 |
| sphuṭ | स्फुटँ | A | St | I | 260 |
| sphuṭ | स्फुटिँर् | P | St | I | 329 |
| sphuṭ | स्फुटँ | P | St | I | 1373 |
| sphuṭ | स्फुटँ | U | St | I | 1722 |
| sphuḍ | स्फुडँ | P | St | T | 1391 |
| sphuṇḍ | स्फुडिँ | U | St | T | 1537 |
| sphur | स्फुरँ | P | St | I | 1389 |
| sphurch | स्फुर्छाँ | P | St | I | 213 |
| sphul | स्फुलँ | P | St | I | 1390 |
| sphūrj | टुओँस्फूर्जाँ | P | St | I | 235 |
| smi | ष्मिङ् | A | At | I | 948 |
| smiṭ | स्मिटँ | U | St | T | 1573 |
| smīl | स्मीलँ | P | St | I | 519 |
| smṛ | स्मृ | P | At | T | 933 |
| smṛ | स्मृ | P | At | T | 807 |
| syand | स्यन्दूँ | A* | Vt | I | 761 |
| syam | स्यमुँ | P | St | I | 826 |
| syam | स्यमँ | A | St | T | 1693 |

| | | | | | |
|---|---|---|---|---|---|
| sraṃs | स्रंसुँ | A* | St | I | 754 |
| sraṅk | स्रकिँ | A | St | T | 83 |
| srambh | स्रम्भुँ | A* | St | I | 757 |
| sriv | स्रिवुँ | P | St | T | 1109 |
| sru | स्रु | P | At | T | 940 |
| srek | स्रेकृँ | A | St | T | 82 |
| svañj | ष्वञ्जँ | A | At | T | 976 |
| svad | ष्वदँ | A* | St | T | 18 |
| svad | ष्वदँ | U | St | T | 1805 |
| svan | स्वनँ | P | St | I | 817 |
| svan | स्वनुँ | P | St | I | 827 |
| svap | ञि ष्वपँ | P | At | I | 1068 |
| svar | स्वर | U | St | T | 1863 |
| svard | स्वर्दँ | A | St | T | 19 |
| svād | स्वादँ | A | St | T | 28 |
| svid | ष्विदाँ | P | At | I | 1188 |
| svid | ञि ष्विदाँ | A* | St | I | 744 |
| svid | ञि ष्विदाँ | P | St | I | 978 |
| svṛ | स्वृ | P | Vt | I | 932 |
| haṭ | हटँ | P | St | I | 312 |
| haṭh | हठँ | P | St | I | 335 |
| had | हदँ | A | At | I | 977 |
| han | हनँ | P* | Att* | T | 1012 |
| hamm | हम्मँ | P | St | T | 467 |
| hay | हयँ | P | St | T | 512 |
| hary | हर्यँ | P | St | T | 514 |
| hal | हलँ | P | St | T | 837 |
| has | हसँ | P | St | I | 721 |
| hā | ओँ हाङ् | A | At | T | 1089 |
| hā | ओँ हाक् | P | At | T | 1090 |
| hi | हि | P | At | T | 1257 |
| hiṃs | हिसिँ | P | St | T | 1456 |
| hiṃs | हिसिँ | U | St | T | 1829 |
| hikk | हिक्कँ | U | St | I | 861 |
| hiṇḍ | हिडिँ | A | St | T | 268 |
| hinv | हिविँ | P | St | T | 591 |
| hil | हिलँ | P | St | T | 1361 |
| hu | हु | P | At | T | 1083 |
| huḍ | हुडृँ | P | St | T | 352 |
| huṇḍ | हुडिँ | A | St | T | 269 |
| huṇḍ | हुडिँ | A | St | T | 277 |
| hurch | हुर्छाँ | P | St | I | 211 |
| hul | हुलँ | P | St | T | 844 |
| hūḍ | हूडृँ | P | St | T | 353 |
| hṛ | हृञ् | U | At | D | 899 |
| hṛ | हृ | P | At | T | 1097 |
| hṛṣ | हृषुँ | P | St | I | 709 |
| hṛṣ | हृषँ | P | St | I | 1229 |

| | | | | | |
|---|---|---|---|---|---|
| heṭh | हेठ॒ँ | A | St | T | 266 |
| heṭh | हेठँ | P | St | T | 1532 |
| heḍ | हेडृँ | A | St | T | 284 |
| heḍ | हेडँ | P | St | T | 778 |
| heṣ | हेषृँ | A | St | I | 621 |
| hoḍ | होडृँ | A | St | T | 285 |
| hoḍ | होडृँ | P | St | T | 354 |
| hnu | ह्नुङ् | A | At | T | 1082 |
| hmal | ह्मलँ | P | St | I | 806 |
| hrag | ह्रगँ | P | St | T | 787 |
| hras | ह्रसँ | P | St | I | 711 |
| hrād | ह्राद॒ँ | A | St | I | 26 |
| hrī | ह्री॒ | P | At | I | 1085 |
| hrīcch | ह्रीछँ | P | St | I | 210 |
| hreṣ | ह्रेषृँ | A | St | I | 622 |
| hlag | ह्लगँ | P | St | T | 788 |
| hlap | ह्लपँ | U | St | T | 1658 |
| hlas | ह्लसँ | P | St | I | 712 |
| hlād | ह्लादी॒ँ | A | St | I | 27 |
| hval | ह्वलँ | P | St | I | 805 |
| hvṛ | ह्वृ॒ | P | At | I | 931 |
| hvṛ | ह्वृ॒ | P | At | T | 934 |
| hve | ह्वे॒ञ् | U | At | T | 1008 |

# Root changes by Ashtadhyayi Sutras

Affixes for the Ten Lakaras Tenses and Moods are known as तिङ् *tiṅ* Ting Affixes. When these join a Root, a Verb is made.

## ghu घु Roots = 6nos

1.1.20 dādhā ghvadāp I Roots *dā dhā* except *dāp* are called *ghu* I

6.1.45 ādeca upadeśe'śiti I For Roots ending in एच् *ec* diphthong, आ *ā* replaces the diphthong.

By these two Sutras, the following **six** Roots get the definition *ghu* I
930 dā 962 de 1091 dā 1148 do
1092 dhā 902 dhe

## Roots with Initial ष् ṣ change to स् s = 87nos

6.1.64 dhātvādeḥ ṣaḥ saḥ I For ṣakāraḥ beginning Roots of Dhatupatha it is changed to sakāraḥ at the time of word construction.

Paribhasha nimittāpāye naimittikasyāpyapāyaḥ also applies

- If a Root contains ष् *ṣ* and ण् *ṇ* , then by Paribhasha ṇakāraḥ reverts back to ṇakāraḥ
- If a Root contains ष् *ṣ* and ट् *ṭ* , then by Paribhasha ṭakāraḥ reverts back to ṭakāraḥ
- If a Root contains ष् *ṣ* and ठ् *ṭh* , then by Paribhasha ṭhakāraḥ reverts back to ṭhakāraḥ

18 ṣvadam̐ svad 25 ṣūdam̐ sūd 47 ṣidhūm̐ sidh 48 ṣacam̐ sac 163 ṣṭucam̐ stuc 202 ṣasjam̐ sasj 225 ṣarjam̐ sarj 304 ṣiṭam̐ siṭ 313 ṣaṭam̐ saṭ 364 ṣṭiprm̐ stip 365 ṣṭeprm̐ step 386 ṣṭabhim̐ stabhim̐ stambh 394 ṣṭubhum̐ stubh 400 ṣapam̐ sap 424 ṣarbam̐ sarb 430 ṣr̥bhum̐ sr̥bh 431 ṣr̥mbhum̐ sr̥mbh 461 ṣṭanam̐ stan 464 ṣaṇam̐ san 501 ṣevr̥m̐ sev

547 ṣalaṁ sal 586 ṣarvaṁ sarv 661 ṣṭrakṣaṁ strakṣ 744 ñiṣvidāṁ svid 782 ṣṭakaṁ stak 789 ṣageṁ sag 790 ṣṭageṁ stag 829 ṣamaṁ sam 830 ṣṭamaṁ stam 836 ṣṭhalaṁ sthal 852 ṣahaṁ sah 854 ṣadḷṁ sad 911 ṣṭayai styai 915 ṣai sai 922 ṣṭai stai 923 ṣṇai snai 928 ṣṭhā sthā 941 ṣu su 948 ṣmiṅ smi 976 ṣvañjaṁ svañj 978 ñiṣvidāṁ svid 987 ṣañjaṁ sañj 997 ṣacaṁ sac 1031 ṣūṅ sū 1038 ṣṇu snu 1041 ṣu su 1043 ṣṭuñ stu 1052 ṣṇā snā 1068 ñiṣvapaṁ svap 1078 ṣasaṁ sas 1079 ṣastiṁ sastiṁ saṃst 1108 ṣivuṁ siv 1109 ṣrivuṁ sriv 1111 ṣṇusuṁ snus 1112 ṣṇasaṁ snas 1124 ṣṭimaṁ stim 1125 ṣṭīmaṁ stīm 1128 ṣahaṁ sah 1129 ṣuhaṁ suh 1132 ṣūṅ sū 1147 ṣo so 1188 ṣvidāṁ svid 1192 ṣidhuṁ sidh 1199 ṣṇuhaṁ snuh 1200 ṣṇihaṁ snih 1247 ṣuñ su 1248 ṣiñ si 1265 ṣṭighaṁ stigh 1268 ṣaghaṁ sagh 1340 ṣuraṁ sur 1363 ṣilaṁ sil 1408 ṣū sū 1427 ṣadḷṁ sad 1434 ṣicaṁ sic 1464 ṣaṇuṁ san 1477 ṣiñ si 1555 ṣambaṁ samb 1562 ṣuṭṭaṁ suṭṭ 1569 ṣāntvaṁ sāntv 1572 ṣṇihaṁ snih 1573 ṣmiṭaṁ smiṭ 1634 ṣaṭṭaṁ saṭṭ 1673 ṣṭupaṁ stup 1718 ṣūdaṁ sūd 1806 ṣvadaṁ svad 1810 ṣahaṁ sah 1832 ṣadaṁ sad

## Roots with Initial ष् ṣ no change = 3nos

6.1.64 dhātvādeḥ ṣaḥ saḥ । Vartika subdhātuṣṭhivuṣvaṣkatīnāṃ satvapratiṣedho vaktavyaḥ ।

A Vartika says this does not apply to Roots

100 ṣvaṣk 560 ṣṭhiv 1110 ṣṭhiv

and it does not apply to Verbs made from nāma–dhātavaḥ ।

## Roots with Initial ण् ṇ change to न् n = 35nos

6.1.65 ṇo naḥ । Roots of Dhatupatha with initial ṇakāraḥ is changed to nakāraḥ at the time of word construction. Vartika subdhātorayamapi neṣyate vaktavyaḥ । Except for words made from nāma–dhātavaḥ ।

1c
54 णदँ nad 66 णिदिँ निदिँ nind 134 णखँ nakh 135 णखिँ नखिँ naṅkh 310 णटँ naṭ 480 णयँ nay 522 णीलँ nīl 566 णीवँ nīv 590 णिविँ निविँ ninv 617 णेषृँ neṣ 625 णासृँ nās 627 णसँ nas 659 णिक्षँ nikṣ 662 णक्षँ nakṣ 722 णिशँ niś 752 णभँ nabh 781 णटँ naṭ 838 णलँ nal 871 णिदृँ nid 872 णेदृँ ned 901 णीञ् nī 981 णमँ nam

2c
1025 णिसिँ निसिँ niṃs 1026 णिजिँ निजिँ niñj 1035 णु nu

3c
1093 णिजिँर् nij

4c
1166 णहँ nah 1194 णशँ naś 1240 णभँ nabh

5c None

6c
1282 णुदँ nud 1360 णिलँ nil 1397 णू nū  1426 णुदँ nud

7c 8c None

9c
1520 णभँ nabh

10c
1779 णदँ nad

## Roots that take तुक् tuk to make च्छ् cch 29nos

6.1.73 che ca । Roots with preceding short vowel (a i u ṛ ḷ) followed by chakāraḥ take tuk augment. This takāraḥ changes to cakāraḥ by 8.4.40 stoḥ ścunā ścuḥ during conjugation process.

6.1.75 dīrghāt । Roots with preceding long vowel (ā ī ū ṝ e ai o au) followed by chakāraḥ take tuk augment. This takāraḥ changes to cakāraḥ by 8.4.40 stoḥ ścunā ścuḥ during conjugation process.

- **For following Roots, for *all* Verb forms.**
  205 mlecch 206 lacch 210 hrīcch 214 yucch 216 ucch 1295 ucch 1296 ṛcch 1297 micch 1413 pracch 1423 vicch 1576 picch 1662 mlecch 1773 vicch

- **For following Roots, for *laṅ luṅ lṛṅ ( liṭ )* Verb forms.**
  470 cham 813 chad 890 chaṣ 1146 cho 1372 chur 1378 chuṭ 1418 chup 1440 chid 1577 chand 1589 chard 1621 chañj 1820 chṛd 1833 chad 1924 chidr 1934 ched 1935 chad

## Roots that take reduplication to make च्छ् cch 3Nos

8.4.46 aco rahābhyāṃ dve । Roots with vowel (ac) + r / h + yar take reduplication (albeit Optionally). If the Root contains chakāraḥ preceded by r / h preceded by vowel, the chakāraḥ is reduplicated and the reduplicated chakāraḥ changes to cakāraḥ by 8.4.55 khari ca during conjugation process. yar = any consonant except hakāraḥ ।

211 hurch 212 murch 213 sphurch **Optional forms** hurcch murcch sphurcch । However these forms are rare in literature.

## Root Substitutions during Conjugation

**2.4.37** luṅsanorghasḷ ꠰ 1011 *ad* gets substituted by 715 *ghasḷ* for *luṅ* and *san* affixes.

**2.4.40** liṭyanyatarasyām ꠰ 1011 *ad* gets substituted Optionally by 715 *ghasḷm̊* for *liṭ* affixes.

**2.4.41** veño vayiḥ ꠰ 1006 *veñ* gets substituted Optionally by *vay* for *liṭ* affixes.

**2.4.42** hano vadha liṅi ꠰ 1012 *han* gets substituted by *vadh* for *āśīrliṅ* affixes.

**2.4.43** luṅi ca ꠰ 1012 *han* gets substituted by *vadh* for *luṅ* affixes.

**2.4.44** ātmanepadeṣvanyatarasyām ꠰ 1012 *han* gets substituted Optionally by *vadh* for *luṅ* Atmanepada affixes. By 1.3.28 *āṅo yamahanaḥ* with upasarga *āṅ* Dhatu *han* takes Atmanepada affixes.

**2.4.45** iṇo gā luṅi ꠰ 1045 *iṇ* replaced by 950 *gā* for *luṅ* affixes. A Vartika says that this applies to Root 1047 *ik* also, i.e. *ik* to *gā* for *luṅ* affixes.

**2.4.49** gāṅ liṭi ꠰ 1046 *iṅ* replaced by 950 *gāṅ* for *liṭ* affixes.

**2.4.49** vibhāṣā luṅlṛṅoḥ ꠰ 1046 *iṅ* gets substituted Optionally by 950 *gāṅ* for *luṅ can* and *ṇic* and *san* affixes.

**2.4.50** vibhāṣā luṅlṛṅoḥ ꠰ 1046 *iṅ* gets substituted Optionally by 950 *gāṅ* for *luṅ* and *lṛṅ* affixes.

**2.4.52** asterbhūḥ ꠰ 1065 *as* gets substituted Optionally by 1 *bhū* for Ardhadhatuka *lṛṭ lṛṅ luṭ āśīrliṅ liṭ luṅ* affixes.

**2.4.53** bruvo vaciḥ। 1044 *brū* gets substituted by 1063 *vac* during conjugation for Ardhadhatuka affixes (*lṛṭ lṛṅ luṭ āśīrliṅ liṭ luṅ* and others). It also becomes *aniṭ* as per Madhaviya Dhatuvritti. 3.4.84 *bruvaḥ pañcānāmādita āho bruvaḥ* । 1044 *brū* gets substituted by *āh* for conjugation for *laṭ* Sarvadhatuka affixes iii/1 iii/2 iii/3 ii/1 ii/2.

**3.4.84** bruvaḥ pañcānāmādita āho bruvaḥ । 1044 *brū* gets substituted by āh for conjugation for *laṭ* Sarvadhatuka affixes iii/1 iii/2 iii/3 ii/1 ii/2.

**2.4.54** cakṣiṅaḥ khyāñ । Vartika *kśādirapyayamādeśa iṣyate* । 1017 *cakṣ* gets substituted by *khyāñ* (1060 *khyā*) during conjugation for Ardhadhatuka affixes. Since *ñ* is added to *khyā* it means that *lṛṭ lṛṅ luṭ āśīrliṅ liṭ luṅ* will become Ubhayepada here. A Vartika says Optionally 1017 *cakṣ* gets substituted by *kśā* for Ardhadhatuka.

**2.4.55** vā liṭi । 1017 *cakṣ* gets substituted Optionally by *khyāñ* during conjugation for *liṭ* । Extrapolation for Sutra 2.4.54 to *liṭ* ।

**2.4.56** ajervyaghañapoḥ । 230 *aj* gets substituted Optionally by 1048 *vī* during conjugation for Ardhadhatuka except *ghañ ap* affixes.

**6.1.29** liḍyaṅośca । 488 *pyāy* to *pī* for *liṭ* and *yaṅ* affixes.

**7.4.9** dayaterdigi liṭi । Root 962 *de* to *digi* for *liṭ* of 1c

<u>Roots that change rupa when facing Sarvadhatuka Affixes</u>
**3.1.74** śruvaḥ śṛ ca । 942 *śru* gets substituted by *śṛ* during conjugation for Sarvadhatuka affixes *laṭ laṅ loṭ vidhiliṅ*

**7.3.74** śamām aṣṭānāṃ dīrghaḥ śyani । For eight Roots *śama* etc., their vowel is replaced by long vowel when facing the affix *śyan* । 1201 śamu , 1202 tamu , 1203 damu , 1204 śramu , 1205 bhramu , 1206 kṣamu , 1207 klamu , 1208 madī
**7.3.75** ṣṭhivuklamucamāṃ śiti । For Roots 560 *ṣṭhivu* , 1207 *klamu* , 469 *camu* their vowel is replaced by long vowel when facing a *śit*

affix. Vartika *āṅi cama iti vaktavyam* clarifies that it happens for camu only when the particle *āṅ* is prefixed.

**7.3.76** kramaḥ parasmaipadeṣu I For Root 473 *kramu* the vowel is replaced by long vowel when facing a Parasmaipada *śit* affix. By default this Root is Parasmaipada, so again Parasmaipada is stated here because in some cases Atmanepada affixes get applied to this Root. (Refer Sutras 1.3.38 *vṛttisargatāyaneṣu kramaḥ* to 1.3.43 *anupasargādvā* )

**7.3.77** iṣugamiyamāṃ chaḥ I For Roots 1351 iṣa (iṣu) , 982 gamḷ , 984 yama - Their final letter is replaced by *chakāraḥ* when facing a *śit* affix.

**7.3.78** pāghrādhmāsthāmnādāṇdṛśyarttisarttiśadasadāṃ pibajighradhamatiṣṭhamanayaccha-paśyarcchadhauśīyasīdāḥ I Root Substitutions for Sarvadhatuka affixes *laṭ laṅ loṭ vidhiliṅ* I

854 sad → sīda → 6.1.97 → sīd

855 śad → śīya → 6.1.97 → śīy (Also 1428 śadḷ → śīya)

925 pā → piba → 6.1.97 → pib

926 ghrā → jighra → 6.1.97 → jighr

927 dhmā → dhama → 6.1.97 → dham

928 sthā → tiṣṭha → 6.1.97 → tiṣṭh

929 mnā → mana → 6.1.97 → man

930 dā → yaccha → 6.1.97 → yacch

935 sṛ → dhau → 6.1.78 → dhāv

936 ṛ → ṛccha → 6.1.97 → ṛcch

988 dṛś → paśya → 6.1.97 → paśy

**7.3.79** jñājanorjā I Roots 1507 jñā , 1149 janī
**7.3.80** pvādināṃ hrasvaḥ I Roots pūñ etc. of 9c
**7.3.81** mīnāternigame I Root 1476 mīñ of 9c
**7.3.82** miderguṇaḥ I Root 1243 ñimidā of 4c

**6.1.45** ādeca upadeśe'śiti । Roots ending in diphthong e ai o au get āt ādeśaḥ in absence of śit affix.

**6.4.66** ghumāsthāgāpājahātisāṃ hali । Six Roots defined as ghu by

- 1.1.20 dādhā ghvadāp i.e. 930 dāṇ 962 deṅ 1091 ḍudāñ 1148 do 902 dheṭ 1092 ḍudhāñ , and
- Roots 1062 mā , 1088 mā 928 ṣṭhā 950 gāṅ 1106 gā 925 pā
- 1090 ohāk 1147 ṣo

**8.2.18** kṛpo ro laḥ । Roots 762 kṛpū 1748 kṛpeḥ (does not apply to Root 1869 kṛpa )

## Roots classified as ***mit***

6.4.92 mitāṃ hrasvaḥ । Roots that have been given mit मित् classification, retain their penultimate short vowel before the Causative ṇic णिच् affix.

mit मित् classification is done by Ganasutras in the Dhatupatha

Ganasutra ghaṭādayo mitaḥ in Dhatupatha for 1c. Applies for Secondary Roots with Causative ṇic णिच् affix.

1c Roots 763 ghaṭa ceṣṭāyām to 821 phaṇa gatau ।

Ganasutra jñapa micca । nānye mito'hetau in Dhatupatha for 10c. Applies to the inherent 10c ṇic णिच् affix.

10c Roots

1624 jñapa jñānajñāpanamāraṇatoṣaṇaniśānaniśāmaneṣu to

1629 ciñ cayane

# Roots Indexed on Final Letter

Roots are indexed on final letter, wrt Dhatu Serial No. Given in Devanagari since Dhatu Serial No is already in Roman so locating the Root is easy.

10c Roots with Serial No 1851 to 1943 are कथादयः अदन्ताः having अ in end, अग्लोपी that drop the अकारः, hence these are ् listed, with ending consonant.

1081 चर्करीतं च –

ा

810 श्रा ा 811 ज्ञा ा 925 पा ा 926 घ्रा ा 927 ध्मा ा 928 स्था ा 929 म्ना ा 930 दा ा 950 गा ा 1049 या ा 1050 वा ा 1051 भा ा 1052 स्ना ा 1053 श्रा ा 1054 द्रा ा 1055 प्सा ा 1056 पा ा 1057 रा ा 1058 ला ा 1059 दा ा 1060 ख्या ा 1061 प्रा ा 1062 मा ा 1073 दरिद्रा ा 1088 मा ा 1089 हा ा 1090 हा ा 1091 दा ा 1092 धा ा 1106 गा ा 1142 मा ा 1499 ज्या ा 1507 ज्ञा ा 1732 ज्ञा ा

इ

236 क्षि ि 561 जि ि 897 श्रि ि 946 जि ि 947 ज्रि ि 948 स्मि ि 1010 श्वि ि 1045 इ इ 1046 इ इ 1047 इ इ 1101 कि ि 1248 सि ि 1249 शि ि 1250 मि ि 1251 चि ि 1257 हि ि 1275 रि ि 1276 क्षि ि 1277 चिरि ि 1278 जिरि ि 1404 रि ि 1405 पि ि 1406 धि ि 1407 क्षि ि 1477 सि ि 1629 चि ि 1793 जि ि 1794 चि ि 1815 ज्रि ि

ई

901 नी ी 968 डी ी 1032 शी ी 1048 वी ी 1076 दीधी ी 1077 वेवी ी 1084 भी ी 1085 ह्री ी 1134 दी ी 1135 डी ी 1136 धी ी 1137 मी ी 1138 री ी 1139 ली ी 1140 व्री ी 1141 पी ी 1144 प्री ी 1143 ई ई 1473 क्री ी 1474 प्री ी 1475 श्री ी 1476 मी ी 1500 री ी 1501 ली ी 1502 व्ली ी 1503 प्ली ी 1504 व्री ी 1505 भ्री ी 1506 क्षी ी 1811 ली ी 1824 मी ी 1836 प्री ी

ु

940 स्रु ु 941 सु ु 942 श्रु ु 943 ध्रु ु 944 दु ु 945 द्रु ु 949 गु ु 951 कु ु 952 घु ु 953 उ उ 954 ङु ु 955 च्यु ु 956 ज्यु ु 957 प्रु ु 958 प्लु ु 959 रु ु 1033 यु ु 1034 रु ु 1035 नु ु 1036 क्षु ु 1037 क्ष्णु ु 1038 स्नु ु 1039 ऊर्णु ु 1040 द्यु ु 1041 सु ु 1042 कु ु 1043 स्तु ु 1082 ह्नु ु 1083 हु ु 1247 सु ु 1255 धु ु 1256 दु ु 1399 गु ु 1400 ध्रु ु 1401 कु ु 1478 स्कु ु 1479 यु ु 1710 यु ु 1746 च्यु ु

ू

1 भू ू 966 पू ू 967 मू ू 1031 सू ू 1044 ब्रू ू 1132 सू ू 1133 दू ू 1397 नू ू 1398 धू ू 1408 सू ू 1480 क्नू ू 1481 द्रू ू 1482 पू ू 1483 लू ू 1487 धू ू 1747 भू ू 1835 धू ू 1844 भू ू

ृ

807 स्मृ ृ 898 भृ ृ 899 हृ ृ 900 धृ ृ 931 ह्वृ ृ 932 स्वृ ृ 933 स्मृ ृ 934 ह्वृ ृ 935 सृ ृ 937 गृ ृ 938 घृ ृ 939 ध्वृ ृ 960 धृ ृ 1072 जागृ ृ 1087 भृ ृ 1096 घृ ृ 1097 हृ ृ 1099 सृ ृ 1252 स्तृ ृ 1253 कृ ृ 1254 वृ ृ 1258 पृ ृ 1259 स्पृ ृ 1280 दृ ृ 1402 पृ ृ 1403 मृ ृ 1411 दृ ृ 1412 धृ ृ 1472 कृ ृ 1509 वृ ृ 1650 घृ ृ 1707 गृ ृ 1813 वृ ृ

ॄ

808 दॄ ॄ 809 नॄ ॄ 936 ॠ ॠ 969 तॄ ॄ 1086 पॄ ॄ 1098 ॠ ॠ 1130 जॄ ॄ 1131 झॄ ॄ 1409 कॄ ॄ 1410 गॄ ॄ 1484 स्तॄ ॄ 1485 कॄ ॄ 1486 वॄ ॄ 1488 शॄ ॄ 1489 पॄ ॄ 1490 वॄ ॄ 1491 भॄ ॄ 1492 मॄ ॄ 1493 दॄ ॄ 1494 जॄ ॄ 1495 नॄ ॄ 1496 कॄ ॄ 1497 ॠ ॠ 1498 गॄ ॄ 1548 पॄ ॄ 1814 जॄ ॄ

े

902 धे े 961 मे े 962 दे े 1006 वे े 1007 व्ये े 1008 ह्वे े

ै

903 ग्लै ै 904 म्लै ै 905 द्यै ै 906 द्रै ै 907 ध्रै ै 908 ध्यै ै 909 रै ै 910 स्त्यै ै 911 स्त्यै ै 912 खै ै 913 क्षै ै 914 जै ै 915 सै ै 916 कै ै 917 गै ै 918 शै ै 919 श्रै ै 920 पै ै 921 वै ै 922 स्तै ै 923 स्नै ै 924 दै ै 963 श्यै ै 964 प्यै ै 965 त्रै ै

ो
1145 शो ो 1146 छो ो 1147 सो ो 1148 दो ो

क्
75 शीक् क् 76 लोक् क् 77 श्लोक् क् 78 द्रेक् क् 79 ध्रेक् क् 80 रेक् क् 81 सेक् क् 82 स्रेक् क् 83 स्रङ्क् क् 84 श्रङ्क् क् 85 श्लङ्क् क् 86 शङ्क् क् 87 अङ्क् क् 88 वङ्क् क् 89 मङ्क् क् 90 कक् क् 91 कुक् क् 92 वृक् क् 93 चक् क् 94 कङ्क् क् 95 वङ्क् क् 96 श्वङ्क् क् 97 त्रङ्क् क् 98 ढौक् क् 99 त्रौक् क् 100 ष्वष्क् क् 101 वस्क् क् 102 मस्क् क् 103 टिक् क् 104 टीक् क् 105 तिक् क् 106 तीक् क् 116 फक्क् क् 117 तक् क् 118 तङ्क् क् 119 बुक्क् क् 782 स्तक् क् 783 चक् क् 792 अक् क् 861 हिक्क् क् 1187 शक् क् 1261 शक् क् 1266 तिक् क् 1570 श्वल्क् क् 1571 वल्क् क् 1593 नक्क् क् 1594 धक्क् क् 1595 चक्क् क् 1596 चुक्क् क् 1618 शुल्क् क् 1638 टङ्क् क् 1643 अर्क् क् 1685 विष्क् क् 1686 निष्क् क् 1713 बुक्क् क् 1736 रक् क् 1776 लोक् क् 1780 तर्क् क् 1789 शीक् क् 1826 शीक् क् 1827 चीक् क् 1914 धेक् क् 1916 बष्क् क् 1927 अङ्क् क् 1940 विष्क् क्

ख्
120 कख् ख् 121 ओख् ख् 122 राख् ख् 123 लाख् ख् 124 द्राख् ख् 125 ध्राख् ख् 126 शाख् ख् 127 श्लाख् ख् 128 उख् ख् 129 उङ्ख् ख् 130 वख् ख् 131 वङ्ख् ख् 132 मख् ख् 133 मङ्ख् ख् 134 नख् ख् 135 नङ्ख् ख् 136 रख् ख् 137 रङ्ख् ख् 138 लख् ख् 139 लङ्ख् ख् 140 इख् ख् 141 इङ्ख् ख् 142 ईङ्ख् ख् 784 कख् ख् 1365 लिख् ख् 1929 सुख् ख् 1930 दुःख् ख्

ग्
143 वल्ग् ग् 144 रङ्ग् ग् 145 लङ्ग् ग् 146 अङ्ग् ग् 147 वङ्ग् ग् 148 मङ्ग् ग् 149 तङ्ग् ग् 150 त्वङ्ग् ग् 151 श्रङ्ग् ग् 152 श्लङ्ग् ग् 153 इङ्ग् ग् 154 रिङ्ग् ग् 155 लिङ्ग् ग् 156 युङ्ग् ग् 157 जुङ्ग् ग् 158 बुङ्ग् ग् 785 रग् ग् 786 लग् ग् 787 ह्रग् ग् 788 ह्लग् ग् 789 सग् ग् 790 स्तग् ग् 791 कग् ग् 793 अग् ग् 1267 तिग् ग् 1737 लग् ग् 1739 लिङ्ग् ग् 1846 मार्ग् ग् 1900 मृग् ग् 1928 अङ्ग् ग्

घ्

107 रङ्घ् घ्  108 लङ्घ् घ्  109 अङ्घ् घ्  110 वङ्घ् घ्  111 मङ्घ् घ्  112 राघ् घ्  113 लाघ् घ्  114 द्राघ् घ्  115 श्लाघ् घ्  159 घघ् घ्  160 मङ्घ् घ्  161 शिङ्घ् घ्  1265 स्तिघ् घ्  1268 सघ् घ्  1273 दघ् घ्  1760 लङ्घ् घ्  1795 रङ्घ् घ्  1796 लङ्घ् घ्

च्

162 वर्च् च्  163 सच् च्  164 लोच् च्  165 शच् च्  166 श्वच् च्  167 श्वञ्च् च्  168 कच् च्  169 कञ्च् च्  170 काञ्च् च्  171 मच् च्  172 मुञ्च् च्  173 मञ्च् च्  174 पञ्च् च्  175 स्तुच् च्  183 शुच् च्  184 कुच् च्  185 कुञ्च् च्  186 क्रुञ्च् च्  187 लुञ्च् च्  188 अञ्च् च्  189 वञ्च् च्  190 चञ्च् च्  191 तञ्च् च्  192 त्वञ्च् च्  193 म्रुञ्च् च्  194 म्लुञ्च् च्  195 म्रुच् च्  196 म्लुच् च्  197 ग्रुच् च्  198 ग्लुच् च्  201 ग्लुञ्च् च्  204 अर्च् च्  717 चर्च् च्  745 रुच् च्  857 कुच् च्  862 अञ्च् च्  863 याच् च्  996 पच् च्  997 सच् च्  1030 पृच् च्  1063 वच् च्  1165 शुच् च्  1223 उच् च्  1292 व्रश्च् च्  1293 व्यच् च्  1299 चर्च् च्  1301 त्वच् च्  1302 ऋच् च्  1368 कुच् च्  1430 मुच् च्  1434 सिच् च्  1441 रिच् च्  1442 विच् च्  1459 तञ्च् च्  1462 पृच् च्  1531 खच् च्  1649 मर्च् च्  1651 पञ्च् च्  1703 वञ्च् च्  1712 चर्च् च्  1738 अञ्च् च्  1743 मुच् च्  1777 लोच् च्  1807 पृच् च्  1808 अर्च् च्  1816 रिच् च्  1842 वच् च्  1864 रच् च्  1873 सूच् च्

छ्

205 म्लेच्छ् छ्  206 लच्छ् छ्  207 लाञ्छ् छ्  208 वाञ्छ् छ्  209 आञ्छ् छ्  210 ह्रीच्छ् छ्  211 हुर्छ् छ्  212 मुर्छ् छ्  213 स्फुर्छ् छ्  214 युच्छ् छ्  215 उञ्छ् छ्  216 उच्छ् छ्  1294 उञ्छ् छ्  1295 उच्छ् छ्  1296 ऋच्छ् छ्  1297 मिच्छ् छ्  1413 प्रच्छ् छ्  1423 विच्छ् छ्  1576 पिच्छ् छ्  1662 म्लेच्छ् छ्  1773 विच्छ् छ्

ज्

176 ऋज् ज्  177 ऋञ्ज् ज्  178 भृज् ज्  179 एज् ज्  180 भ्रेज् ज्  181 भ्राज् ज्  182 ईज् ज्  199 कुज् ज्  200 खुज् ज्  202 सस्ज् ज्  203 गुञ्ज् ज्  217 ध्रज् ज्  218 ध्रञ्ज् ज्  219 धृज् ज्  220 धृञ्ज् ज्  221 ध्वज् ज्  222 ध्वञ्ज् ज्  223 कूज् ज्  224 अर्ज् ज्  225 सर्ज् ज्  226 गर्ज् ज्  227 तर्ज् ज्  228 कर्ज् ज्  229 खर्ज् ज्  230 अज् ज्  231 तेज् ज्  232 खज् ज्  233 खञ्ज् ज्  234 एज् ज्  235 स्फूर्ज् ज्  237 क्षीज् ज्  238 लज् ज्  239 लञ्ज् ज्  240 लाज् ज्  241 लाञ्ज् ज्  242 जज् ज्  243

जञ्ज् ज् 244 तुज् ज् 245 तुञ्ज् ज् 246 गज् ज् 247 गञ्ज् ज् 248 गृज् ज् 249 गृञ्ज् ज् 250 मुज् ज् 251 मुञ्ज् ज् 252 वज् ज् 253 व्रज् ज् 716 जर्ज् ज् 769 क्षञ्ज् ज् 822 राज् ज् 823 भ्राज् ज् 971 तिज् ज् 976 स्वञ्ज् ज् 986 त्यज् ज् 987 सञ्ज् ज् 998 भज् ज् 999 रञ्ज् ज् 1002 यज् ज् 1026 निञ्ज् ज् 1027 शिञ्ज् ज् 1028 पिञ्ज् ज् 1029 वृज् ज् 1066 मृज् ज् 1093 निज् ज् 1094 विज् ज् 1167 रञ्ज् ज् 1177 युज् ज् 1178 सृज् ज् 1284 भ्रस्ज् ज् 1289 विज् ज् 1290 लज् ज् 1291 लस्ज् ज् 1298 जर्ज् ज् 1303 उब्ज् ज् 1369 गुज् ज् 1414 सृज् ज् 1415 मस्ज् ज् 1416 रुज् ज् 1417 भुज् ज् 1444 युज् ज् 1453 भञ्ज् ज् 1454 भुज् ज् 1458 अञ्ज् ज् 1460 विज् ज् 1461 वृज् ज् 1549 ऊर्ज् ज् 1566 तुञ्ज् ज् 1567 पिञ्ज् ज् 1617 व्रज् ज् 1621 छञ्ज् ज् 1642 पूज् ज् 1647 गज् ज् 1648 मार्ज् ज् 1652 तिज् ज् 1681 तर्ज् ज् 1725 अर्ज् ज् 1733 भज् ज् 1755 तुञ्ज् ज् 1756 मिञ्ज् ज् 1757 पिञ्ज् ज् 1758 लुञ्ज् ज् 1759 भञ्ज् ज् 1784 लञ्ज् ज् 1785 अञ्ज् ज् 1804 रुज् ज् 1806 युज् ज् 1812 वृज् ज् 1848 मृज् ज् 1886 भाज् ज् 1887 सभाज् ज् 1920 लज् ज्

झ्

718 झर्झ् झ् 1300 झर्झ् झ् 1304 उज्झ् झ्

ट्

254 अट्ट् ट् 255 वेष्ट् ट् 256 चेष्ट् ट् 257 गोष्ट् ट् 258 लोष्ट् ट् 259 घट्ट् ट् 260 स्फुट् ट् 290 शौट् ट् 291 यौट् ट् 292 म्लेट् ट् 294 कट् ट् 295 अट् ट् 296 पट् ट् 297 रट् ट् 298 लट् ट् 299 शट् ट् 300 वट् ट् 301 किट् ट् 302 खिट् ट् 303 शिट् ट् 304 सिट् ट् 305 जट् ट् 306 झट् ट् 307 भट् ट् 308 तट् ट् 309 खट् ट् 310 नट् ट् 311 पिट् ट् 312 हट् ट् 313 सट् ट् 314 लुट् ट् 315 चिट् ट् 316 विट् ट् 317 बिट् ट् 318 इट् ट् 319 किट् ट् 320 कट् ट् 327 रुण्ट् ट् 328 लुण्ट् ट् 329 स्फुट् ट् 334 रट् ट् 746 घुट् ट् 747 रुट् ट् 748 लुट् ट् 763 घट् ट् 779 वट् ट् 780 भट् ट् 781 नट् ट् 864 रेट् ट् 1222 लुट् ट् 1366 कुट् ट् 1367 पुट् ट् 1373 स्फुट् ट् 1374 मुट् ट् 1375 त्रुट् ट् 1376 तुट् ट् 1377 चुट् ट् 1378 छुट् ट् 1381 लुट् ट् 1385 घुट् ट् 1545 नट् ट् 1558 कुट्ट् ट् 1559 पुट्ट् ट् 1560 चुट्ट् ट् 1561 अट्ट् ट् 1562 सुट्ट् ट् 1573 स्मिट् ट् 1586 वण्ट् ट् 1613 चुट् ट् 1614 मुट् ट् 1630 घट्ट् ट् 1632 खट्ट् ट् 1633 सट्ट् ट् 1634 स्फिट्ट् ट् 1640 कीट् ट् 1659 चुण्ट् ट् 1698 त्रुट् ट् 1701 कूट् ट् 1702 कुट्ट् ट् 1721 चट् ट् 1722 स्फुट् ट् 1723 घट् ट् 1752 पट् ट्

1753 पुट् ट् 1754 लुट् ट् 1766 घट् ट् 1767 घण्ट् ट् 1783 रुट् ट् 1791 नट् ट् 1792 पुण्ट् ट् 1856 पट् ट् 1857 वट् ट् 1874 खेट् ट् 1875 क्षोट् ट् 1890 कूट् ट् 1913 पुट् ट् 1919 वट् ट्

## ठ्

261 अण्ठ ठ् 262 वण्ठ ठ् 263 मण्ठ ठ् 264 कण्ठ ठ् 265 मुण्ठ ठ् 266 हेठ ठ् 267 एठ ठ् 330 पठ ठ् 331 वठ ठ् 332 मठ ठ् 333 कठ ठ् 335 हठ ठ् 336 रुठ ठ् 337 लुठ ठ् 338 उठ ठ् 339 पिठ ठ् 340 शठ ठ् 341 शुठ ठ् 342 कुण्ठ ठ् 343 लुण्ठ ठ् 344 शुण्ठ ठ् 345 रुण्ठ ठ् 346 लुण्ठ ठ् 749 लुठ ठ् 1532 हेठ ठ् 1563 लुण्ठ ठ् 1564 शठ ठ् 1565 श्वठ ठ् 1644 शुठ ठ् 1645 शुण्ठ ठ् 1691 शठ ठ् 1847 कण्ठ ठ् 1854 शठ ठ् 1855 श्वठ ठ्

## ड्

65 गण्ड् ड् 268 हिण्ड् ड् 269 हुण्ड् ड् 270 कुण्ड् ड् 271 वण्ड् ड् 272 मण्ड् ड् 273 भण्ड् ड् 274 पिण्ड् ड् 275 मुण्ड् ड् 276 तुण्ड् ड् 277 हुण्ड् ड् 278 चण्ड् ड् 279 शण्ड् ड् 280 तण्ड् ड् 281 पण्ड् ड् 282 कण्ड् ड् 283 खण्ड् ड् 284 हेड् ड् 285 होड् ड् 286 बाड् ड् 287 द्राड् ड् 288 ध्राड् ड् 289 शाड् ड् 293 म्रेड् ड् 321 मण्ड् ड् 322 कुण्ड् ड् 323 मुड् ड् 324 पूड् ड् 325 चुण्ड् ड् 326 मुण्ड् ड् 347 चुड्ड् ड् 348 अड्ड् ड् 349 कड्ड् ड् 350 क्रीड् ड् 351 तुड् ड् 352 हुड् ड् 353 हूड् ड् 354 होड् ड् 355 रौड् ड् 356 रोड् ड् 357 लोड् ड् 358 अड् ड् 359 लड् ड् 360 कड् ड् 361 गण्ड् ड् 777 गड् ड् 778 हेड् ड् 814 लड् ड् 1019 ईड् ड् 1126 त्रीड् ड् 1326 जुड् ड् 1327 मृड् ड् 1328 पृड् ड् 1370 गुड् ड् 1379 जुड् ड् 1380 कड् ड् 1382 कृड् ड् 1383 कुड् ड् 1384 पुड् ड् 1386 तुड् ड् 1387 थुड् ड् 1388 स्थुड् ड् 1391 स्फुड् ड् 1392 चुड् ड् 1393 त्रुड् ड् 1394 क्रुड् ड् 1395 भृड् ड् 1516 मृड् ड् 1537 स्फुण्ड् ड् 1540 लड् ड् 1542 ओलण्ड् ड् 1544 पीड् ड् 1579 तड् ड् 1580 खड् ड् 1581 खण्ड् ड् 1582 कण्ड् ड् 1583 कुण्ड् ड् 1584 गुण्ड् ड् 1585 खुण्ड् ड् 1587 मण्ड् ड् 1588 भण्ड् ड् 1615 पण्ड् ड् 1646 जुड् ड् 1667 ईड् ड् 1669 पिण्ड् ड् 1800 लण्ड् ड् 1801 तड् ड् 1926 दण्ड् ड्

## ण्

434 घिण्ण् ण् 435 घुण्ण् ण् 436 घृण्ण् ण् 437 घुण् ण् 438 घूर्ण् ण् 439 पण् ण् 444 अण् ण् 445 रण् ण् 446 वण् ण् 447 भण् ण् 448 मण् ण् 449 कण् ण् 450

क्वण् ण् 451 व्रण् ण् 452 भ्रण् ण् 453 ध्वण् ण् 454 ओण् ण् 455 शोण् ण् 456 श्रोण् ण् 457 श्लोण् ण् 458 पैण् ण् 459 ध्रण् ण् 794 कण् ण् 795 रण् ण् 796 चण् ण् 797 शण् ण् 798 श्रण् ण् 821 फण् ण् 877 वेण् ण् 1175 अण् ण् 1329 पृण् ण् 1330 वृण् ण् 1331 मृण् ण् 1332 तुण् ण् 1333 पुण् ण् 1334 मुण् ण् 1335 कुण् ण् 1337 द्रुण् ण् 1338 घुण् ण् 1339 घूर्ण् ण् 1465 क्षण् ण् 1466 क्षिण् ण् 1467 ऋण् ण् 1468 तृण् ण् 1469 घृण् ण् 1551 वर्ण् ण् 1552 चूर्ण् ण् 1578 श्रण् ण् 1641 चूर्ण् ण् 1688 कूण् ण् 1689 तूण् ण् 1690 भ्रूण् ण् 1715 कण् ण् 1853 गण् ण् 1893 कुण् ण् 1894 गुण् ण् 1896 कूण् ण् 1937 व्रण् ण् 1938 वर्ण् ण् 1939 पर्ण् ण्

त्

30 यत् त् 31 युत् त् 32 जुत् त् 38 अत् त् 39 चित् त् 40 च्युत् त् 41 श्च्युत् त् 61 अन्त् त् 741 द्युत् त् 742 श्वित् त् 758 वृत् त् 845 पत् त् 865 चत् त् 993 कित् त् 1079 संस्त् त् 1116 नृत् त् 1160 वृत् त् 1324 चृत् त् 1435 कृत् त् 1447 कृत् त् 1535 चिन्त् त् 1590 पुस्त् त् 1591 बुस्त् त् 1622 श्वर्त् त् 1631 मुस्त् त् 1653 कूत् त् 1673 चित् त् 1683 बस्त् त् 1735 यत् त् 1781 वृत् त् 1861 पत् त् 1882 वात् त् 1891 सङ्केत् त् 1895 केत् त्

थ्

6 नाथ् थ् 33 विथ् थ् 34 वेथ् थ् 35 श्रन्थ् थ् 36 ग्रन्थ् थ् 37 कत्थ् थ् 42 मन्थ् थ् 43 कुन्थ् थ् 44 पुन्थ् थ् 45 लुन्थ् थ् 46 मन्थ् थ् 764 व्यथ् थ् 765 प्रथ् थ् 799 श्रथ् थ् 800 क्नथ् थ् 801 क्रथ् थ् 802 क्लथ् थ् 846 क्वथ् थ् 847 पथ् थ् 848 मथ् थ् 867 प्रोथ् थ् 1118 कुथ् थ् 1119 पुथ् थ् 1510 श्रन्थ् थ् 1511 मन्थ् थ् 1512 श्रन्थ् थ् 1513 ग्रन्थ् थ् 1514 कुन्थ् थ् 1546 श्रथ् थ् 1553 प्रथ् थ् 1554 पृथ् थ् 1575 पन्थ् थ् 1775 पुथ् थ् 1823 श्रथ् थ् 1825 ग्रन्थ् थ् 1837 श्रन्थ् थ् 1838 ग्रन्थ् थ् 1851 कथ् थ् 1870 श्रथ् थ् 1905 अर्थ् थ् 1943 तुत्थ् थ्

द्

9 स्कुन्द् द् 10 श्विन्द् द् 11 वन्द् द् 12 भन्द् द् 13 मन्द् द् 14 स्पन्द् द् 15 क्लिन्द् द् 16 मुद् द् 17 दद् द् 18 स्वद् द् 19 स्वर्द् द् 20 उर्द् द् 21 कुर्द् द् 22 खुर्द् द् 23 गुर्द् द् 24 गुद् द् 25 सूद् द् 26 ह्राद् द् 27 ह्लाद् द् 28 स्वाद् द् 29 पर्द् द् 49 खाद् द् 50 खद् द् 51 बद् द् 52 गद् द् 53 रद् द् 54 नद् द् 55 अर्द् द् 56 नर्द् द् 57 गर्द् द्

58 तर्द् द् 59 कर्द् द् 60 खर्द् द् 62 अन्द् द् 63 इन्द् द् 64 बिन्द् द् 66 निन्द् द् 67 नन्द् द् 68 चन्द् द् 69 त्रन्द् द् 70 कन्द् द् 71 क्रन्द् द् 72 क्लन्द् द् 73 क्लिन्द् द् 743 मिद् द् 744 स्विद् द् 761 स्यन्द् द् 767 म्रद् द् 768 स्खद् द् 772 कन्द् द् 773 क्रन्द् द् 774 क्लन्द् द् 813 छद् द् 815 मद् द् 820 स्खद् द् 854 सद् द् 855 शद् द् 866 चद् द् 868 मिद् द् 869 मेद् द् 871 निद् द् 872 नेद् द् 876 बुन्द् द् 977 हद् द् 978 स्विद् द् 979 स्कन्द् द् 1009 वद् द् 1011 अद् द् 1064 विद् द् 1067 रुद् द् 1169 पद् द् 1170 खिद् द् 1171 विद् द् 1188 स्विद् द् 1208 मद् द् 1242 क्लिद् द् 1243 मिद् द् 1244 क्ष्विद् द् 1281 तुद् द् 1282 नुद् द् 1426 नुद् द् 1427 सद् द् 1428 शद् द् 1432 विद् द् 1436 खिद् द् 1439 भिद् द् 1440 छिद् द् 1443 क्षुद् द् 1445 छृद् द् 1446 तृद् द् 1449 खिद् द् 1450 विद् द् 1457 उन्द् द् 1515 मृद् द् 1541 मिन्द् द् 1577 छन्द् द् 1589 छर्द् द् 1592 चुद् द् 1665 गुर्द् द् 1705 मद् द् 1708 विद् द् 1714 शब्द् द् 1717 सूद् द् 1727 क्रन्द् द् 1740 मुद् द् 1778 नद् द् 1805 स्वद् द् 1820 छृद् द् 1828 अर्द् द् 1831 सद् द् 1833 छद् द् 1841 वद् द् 1860 गद् द् 1898 पद् द् 1934 छेद् द् 1935 छद् द्

ध्

2 एध् ध् 3 स्पर्ध् ध् 4 गाध् ध् 5 बाध् ध् 7 नाध् ध् 8 दध् ध् 47 सिध् ध् 48 सिध् ध् 74 शुन्ध् ध् 759 वृध् ध् 760 शृध् ध् 858 बुध् ध् 870 मेध् ध् 873 शृध् ध् 874 मृध् ध् 875 बुध् ध् 973 बध् ध् 1120 गुध् ध् 1172 बुध् ध् 1173 युध् ध् 1174 रुध् ध् 1180 राध् ध् 1181 व्यध् ध् 1189 क्रुध् ध् 1190 क्षुध् ध् 1191 शुध् ध् 1192 सिध् ध् 1193 रध् ध् 1245 ऋध् ध् 1246 गृध् ध् 1262 राध् ध् 1263 साध् ध् 1271 ऋध् ध् 1325 विध् ध् 1438 रुध् ध् 1448 इन्ध् ध् 1508 बन्ध् ध् 1517 गुध् ध् 1547 बध् ध् 1654 वर्ध् ध् 1684 गन्ध् ध् 1734 शृध् ध् 1782 वृध् ध् 1832 शुन्ध् ध् 1925 अन्ध् ध्

न्

440 पन् न् 460 कन् न् 461 स्तन् न् 462 वन् न् 463 वन् न् 464 सन् न् 803 वन् न् 816 ध्वन् न् 817 स्वन् न् 827 स्वन् न् 828 ध्वन् न् 878 खन् न् 972 मान् न् 994 दान् न् 995 शान् न् 1012 हन् न् 1070 अन् न् 1104 धन् न् 1105 जन् न् 1149 जन् न् 1176 मन् न् 1336 शुन् न् 1463 तन् न् 1464 सन् न् 1470 वन् न् 1471 मन् न् 1709 मान् न् 1840 तन् न् 1843 मान् न् 1859 स्तन् न् 1888 ऊन् न् 1889 ध्वन् न् 1897 स्तेन् न्

प्

362 तिप् प् 363 तेप् प् 364 स्तिप् प् 365 स्तेप् प् 366 ग्लेप् प् 367 वेप् प् 368 केप् प् 369 गेप् प् 370 ग्लेप् प् 371 मेप् प् 372 रेप् प् 373 लेप् प् 374 त्रप् प् 375 कम्प् प् 395 गुप् प् 396 धूप् प् 397 जप् प् 398 जल्प् प् 399 चप् प् 400 सप् प् 401 रप् प् 402 लप् प् 403 चुप् प् 404 तुप् प् 405 तुम्प् प् 406 त्रुप् प् 407 त्रुम्प् प् 412 पर्प् प् 762 कृप् प् 771 क्रप् प् 970 गुप् प् 983 सृप् प् 985 तप् प् 1000 शप् प् 1003 वप् प् 1068 स्वप् प् 1121 क्षिप् प् 1122 पुष्प् प् 1150 दीप् प् 1159 तप् प् 1168 शप् प् 1195 तृप् प् 1196 दृप् प् 1232 डिप् प् 1233 कुप् प् 1234 गुप् प् 1235 युप् प् 1236 रुप् प् 1237 लुप् प् 1260 आप् प् 1285 क्षिप् प् 1307 तृप् प् 1309 तुप् प् 1310 तुम्प् प् 1313 दृप् प् 1371 डिप् प् 1418 छुप् प् 1431 लुप् प् 1433 लिप् प् 1612 शूर्प् प् 1619 चम्प् प् 1620 क्षम्प् प् 1624 ज्ञप् प् 1658 ह्लप् प् 1671 डिप् प् 1672 स्तुप् प् 1676 डप् प् 1677 डिप् प् 1748 क्लृप् प् 1771 गुप् प् 1772 धूप् प् 1779 कुप् प् 1818 तप् प् 1819 तृप् प् 1839 आप् प् 1869 कृप् प् 1933 रूप् प् 1941 क्षिप् प्

फ्

408 तुफ् फ् 409 तुम्फ् फ् 410 त्रुफ् फ् 411 त्रुम्फ् फ् 413 रफ् फ् 414 रम्फ् फ् 1306 रिफ् फ् 1308 तृम्फ् फ् 1311 तुफ् फ् 1312 तुम्फ् फ् 1314 दृम्फ् फ् 1315 ऋफ् फ् 1316 ऋम्फ् फ् 1317 गुफ् फ् 1318 गुम्फ् फ्

ब्

376 रम्ब् ब् 377 लम्ब् ब् 378 अम्ब् ब् 379 लम्ब् ब् 380 कब् ब् 381 क्लीब् ब् 382 क्षीब् ब् 415 अर्ब् ब् 416 पर्ब् ब् 417 लर्ब् ब् 418 बर्ब् ब् 419 मर्ब् ब् 420 कर्ब् ब् 421 खर्ब् ब् 422 गर्ब् ब् 423 शर्ब् ब् 424 सर्ब् ब् 425 चर्ब् ब् 426 कुम्ब् ब् 427 लुम्ब् ब् 428 तुम्ब् ब् 429 चुम्ब् ब् 1555 सम्ब् ब् 1556 शम्ब् ब् 1611 शुल्ब् ब् 1635 चुम्ब् ब् 1655 कुम्ब् ब् 1656 लुम्ब् ब् 1657 तुम्ब् ब्

भ्

383 शीभ् भ् 384 चीभ् भ् 385 रेभ् भ् 386 स्तम्भ् भ् 387 स्कम्भ् भ् 388 जभ् भ् 389 जृम्भ् भ् 390 शल्भ् भ् 391 वल्भ् भ् 392 गल्भ् भ् 393 श्रम्भ् भ् 394 स्तुभ् भ् 430 सृभ् भ् 431 सृम्भ् भ् 432 शुभ् भ् 433 शुम्भ् भ् 750 शुभ् भ् 751 क्षुभ् भ्

752 नभ् भ् 753 तुभ् भ् 757 स्रम्भ् भ् 974 रभ् भ् 975 लभ् भ् 980 यभ् भ् 1238 लुभ् भ् 1239 क्षुभ् भ् 1240 नभ् भ् 1241 तुभ् भ् 1270 दम्भ् भ् 1305 लुभ् भ् 1319 उभ् भ् 1320 उम्भ् भ् 1321 शुभ् भ् 1322 शुम्भ् भ् 1323 दृभ् भ् 1519 क्षुभ् भ् 1520 नभ् भ् 1521 तुभ् भ् 1716 जम्भ् भ् 1821 दृभ् भ् 1822 दृभ् भ् 1936 लाभ् भ्

म्

441 भाम् म् 442 क्षम् म् 443 कम् म् 465 अम् म् 466 द्रम् म् 467 हम्म् म् 468 मीम् म् 469 चम् म् 470 छम् म् 471 जम् म् 472 झम् म् 473 क्रम् म् 818 शम् म् 819 यम् म् 826 स्यम् म् 829 सम् म् 830 स्तम् म् 849 वम् म् 850 भ्रम् म् 853 रम् म् 981 नम् म् 982 गम् म् 984 यम् म् 1123 तिम् म् 1124 स्तिम् म् 1125 स्तीम् म् 1201 शम् म् 1202 तम् म् 1203 दम् म् 1204 श्रम् म् 1205 भ्रम् म् 1206 क्षम् म् 1207 क्लम् म् 1274 चम् म् 1625 यम् म् 1693 स्यम् म् 1695 शम् म् 1711 कुस्म् म् 1720 अम् म् 1872 भाम् म् 1876 गोम् म् 1879 साम् म् 1892 ग्राम् म् 1922 सङ्ग्राम् म् 1923 स्तोम् म्

य्

474 अय् य् 475 वय् य् 476 पय् य् 477 मय् य् 478 चय् य् 479 तय् य् 480 नय् य् 481 दय् य् 482 रय् य् 483 ऊय् य् 484 पूय् य् 485 क्नूय् य् 486 क्ष्माय् य् 487 स्फाय् य् 488 प्याय् य् 489 ताय् य् 508 मव्य् य् 509 सूक्ष्य् य् 510 ईक्ष्य् य् 511 ईर्ष्य् य् 512 हय् य् 513 शुच्य् य् 514 हर्य् य् 880 चाय् य् 881 व्यय् य् 1932 व्यय् य्

र्

552 खोर् र् 553 धोर् र् 554 त्सर् र् 555 क्मर् र् 556 अभ्र् र् 557 वभ्र् र् 558 मभ्र् र् 559 चर् र् 775 त्वर् र् 776 ज्वर् र् 851 क्षर् र् 1018 ईर् र् 1102 तुर् र् 1151 पूर् र् 1152 तूर् र् 1153 धूर् र् 1154 गूर् र् 1155 घूर् र् 1156 जूर् र् 1157 शूर् र् 1158 चूर् र् 1340 सुर् र् 1341 कुर् र् 1342 खुर् र् 1343 मुर् र् 1344 क्षुर् र् 1345 घुर् र् 1346 पुर् र् 1372 छुर् र् 1389 स्फुर् र् 1396 गुर् र् 1534 चुर् र् 1536 यन्त्र् र् 1539 कुन्द्र् र् 1623 श्वभ्र् र् 1678 तन्त्र् र् 1679 मन्त्र् र् 1694 गूर् र् 1745 चर् र् 1803 पूर् र् 1810 ईर् र् 1852 वर् र् 1863 स्वर् र् 1868 सार् र् 1877 कुमार् र् 1902 शूर् र् 1903 वीर् र् 1906 सत्र् र् 1908 सूत्र् र्

1909 मूत्र् र् 1911 पार् र् 1912 तीर् र् 1915 कत्र् र् 1917 चित्र् र् 1921 मिश्र् र् 1924 छिद्र् र्

ल्

490 शल् ल् 491 वल् ल् 492 वल्ल् ल् 493 मल् ल् 494 मल्ल् ल् 495 भल् ल् 496 भल्ल् ल् 497 कल् ल् 498 कल्ल् ल् 515 अल् ल् 516 फल् ल् 517 मील् ल् 518 श्मील् ल् 519 स्मील् ल् 520 क्ष्मील् ल् 521 पील् ल् 522 नील् ल् 523 शील् ल् 524 कील् ल् 525 कूल् ल् 526 शूल् ल् 527 तूल् ल् 528 पूल् ल् 529 मूल् ल् 530 फल् ल् 531 चुल्ल् ल् 532 फुल्ल् ल् 533 चिल्ल् ल् 534 तिल् ल् 535 वेल् ल् 536 चेल् ल् 537 केल् ल् 538 खेल् ल् 539 क्ष्वेल् ल् 540 वेल्ल् ल् 541 पेल् ल् 542 फेल् ल् 543 शेल् ल् 544 स्खल् ल् 545 खल् ल् 546 गल् ल् 547 सल् ल् 548 दल् ल् 549 श्वल् ल् 550 श्वल्ल् ल् 551 खोल् ल् 804 ज्वल् ल् 805 ह्वल् ल् 806 ह्मल् ल् 812 चल् ल् 831 ज्वल् ल् 832 चल् ल् 833 जल् ल् 834 टल् ल् 835 ट्वल् ल् 836 स्थल् ल् 837 हल् ल् 838 नल् ल् 839 पल् ल् 840 बल् ल् 841 पुल् ल् 842 कुल् ल् 843 शल् ल् 844 हुल् ल् 1353 किल् ल् 1354 तिल् ल् 1355 चिल् ल् 1356 चल् ल् 1357 इल् ल् 1358 विल् ल् 1359 बिल् ल् 1360 निल् ल् 1361 हिल् ल् 1362 शिल् ल् 1363 सिल् ल् 1364 मिल् ल् 1390 स्फुल् ल् 1429 मिल् ल् 1543 जल् ल् 1597 क्षल् ल् 1598 तल् ल् 1599 तुल् ल् 1600 दुल् ल् 1601 पुल् ल् 1602 चुल् ल् 1603 मूल् ल् 1604 कल् ल् 1605 विल् ल् 1606 बिल् ल् 1607 तिल् ल् 1608 चल् ल् 1609 पाल् ल् 1628 बल् ल् 1636 पूल् ल् 1660 इल् ल् 1687 लल् ल् 1699 गल् ल् 1700 भल् ल् 1751 दल् ल् 1802 नल् ल् 1865 कल् ल् 1878 शील् ल् 1880 वेल् ल् 1881 पल्पूल् ल् 1904 स्थूल् ल्

व्

499 तेव् व् 500 देव् व् 501 सेव् व् 502 गेव् व् 503 ग्लेव् व् 504 पेव् व् 505 मेव् व् 506 म्लेव् व् 507 रेव् व् 560 ष्ठिव् व् 562 जीव् व् 563 पीव् व् 564 मीव् व् 565 तीव् व् 566 नीव् व् 567 क्षीव् व् 568 क्षेव् व् 569 उर्व् व् 570 तुर्व् व् 571 थुर्व् व् 572 दुर्व् व् 573 धुर्व् व् 574 गुर्व् व् 575 मुर्व् व् 576 पुर्व् व् 577 पर्व् व् 578 मर्व् व् 579 चर्व् व् 580 भर्व् व् 581 कर्व् व् 582 खर्व् व् 583 गर्व् व् 584 अर्व् व् 585 शर्व् व् 586 सर्व् व् 587 इन्व् व् 588 पिन्व् व् 589 मिन्व् व् 590 निन्व् व् 591 हिन्व् व् 592 दिन्व् व् 593 धिन्व् व् 594 जिन्व् व् 595 रिन्व् व् 596 रन्व् व् 597 धन्व् व् 598 कृन्व् व् 599 मव् व् 600 अव् व् 601 धाव् व् 725 शव् व् 879

चीव् व् 1107 दिव् व् 1108 सिव् व् 1109 स्रिव् व् 1110 ष्ठिव् व् 1569 सान्त्व् व् 1706 दिव् व् 1724 दिव् व् 1774 चीव् व् 1907 गर्व् व्

श्

607 क्लेश् श् 647 काश् श् 722 निश् श् 723 मिश् श् 724 मश् श् 726 शश् श् 824 भ्राश् श् 825 भ्लाश् श् 856 क्रुश् श् 882 दाश् श् 887 स्पश् श् 988 दृश् श् 989 दंश् श् 1020 ईश् श् 1080 वश् श् 1161 क्लिश् श् 1162 काश् श् 1163 वाश् श् 1179 लिश् श् 1194 नश् श् 1224 भृश् श् 1225 भ्रंश् श् 1226 वृश् श् 1227 कृश् श् 1264 अश् श् 1279 दाश् श् 1283 दिश् श् 1419 रुश् श् 1420 रिश् श् 1421 लिश् श् 1422 स्पृश् श् 1424 विश् श् 1425 मृश् श् 1437 पिश् श् 1522 क्लिश् श् 1523 अश् श् 1674 दंश् श् 1680 स्पश् श् 1719 पश् श् 1764 दंश् श् 1765 कुंश् श् 1787 भृंश् श् 1788 रुंश् श्

ष्

602 धुक्ष् ष् 603 धिक्ष् ष् 604 वृक्ष् ष् 605 शिक्ष् ष् 606 भिक्ष् ष् 608 दक्ष् ष् 609 दीक्ष् ष् 610 ईक्ष् ष् 611 ईष् ष् 612 भाष् ष् 613 वर्ष् ष् 614 गेष् ष् 615 पेष् ष् 616 जेष् ष् 617 नेष् ष् 618 एष् ष् 619 प्रेष् ष् 620 रेष् ष् 621 हेष् ष् 622 ह्लेष् ष् 652 घुंष् ष् 653 घुष् ष् 654 अक्ष् ष् 655 तक्ष् ष् 656 त्वक्ष् ष् 657 उक्ष् ष् 658 रक्ष् ष् 659 निक्ष् ष् 660 त्रक्ष् ष् 661 स्त्रक्ष् ष् 662 नक्ष् ष् 663 वक्ष् ष् 664 मृक्ष् ष् 665 तक्ष् ष् 666 सूर्क्ष् ष् 667 काङ्क्ष् ष् 668 वाङ्क्ष् ष् 669 माङ्क्ष् ष् 670 द्राङ्क्ष् ष् 671 ध्राङ्क्ष् ष् 672 ध्वाङ्क्ष् ष् 673 चूष् ष् 674 तूष् ष् 675 पूष् ष् 676 मूष् ष् 677 लूष् ष् 678 रूष् ष् 679 शूष् ष् 680 यूष् ष् 681 जूष् ष् 682 भूष् ष् 683 ऊष् ष् 684 ईष् ष् 685 कष् ष् 686 खष् ष् 687 शिष् ष् 688 जष् ष् 689 झष् ष् 690 शष् ष् 691 वष् ष् 692 मष् ष् 693 रुष् ष् 694 रिष् ष् 695 भष् ष् 696 उष् ष् 697 जिष् ष् 698 विष् ष् 699 मिष् ष् 700 पुष् ष् 701 श्रिष् ष् 702 श्लिष् ष् 703 प्रुष् ष् 704 प्लुष् ष् 705 पृष् ष् 706 वृष् ष् 707 मृष् ष् 708 घृष् ष् 709 हृष् ष् 770 दक्ष् ष् 883 भेष् ष् 884 भ्रेष् ष् 885 भ्लेष् ष् 888 लष् ष् 889 चष् ष् 890 छष् ष् 891 झष् ष् 892 भ्रक्ष् ष् 893 भ्लक्ष् ष् 990 कृष् ष् 1001 त्विष् ष् 1013 द्विष् ष् 1017 चक्ष् ष् 1071 जक्ष् ष् 1095 विष् ष् 1103 धिष् ष् 1114 व्युष् ष् 1115 प्लुष् ष् 1127 इष् ष् 1164 मृष् ष् 1182 पुष् ष् 1183 शुष् ष् 1184 तुष् ष् 1185 दुष् ष् 1186 श्लिष् ष् 1215 व्युष् ष् 1216 प्लुष् ष् 1228 तृष् ष् 1229 हृष् ष् 1230 रुष् ष् 1231 रिष् ष् 1269 धृष् ष् 1286 कृष् ष् 1287 ऋष् ष् 1288 जुष्

ष् 1351 इष् ष् 1352 मिष् ष् 1451 शिष् ष् 1452 पिष् ष् 1518 कुष् ष् 1525 इष् ष् 1526 विष् ष् 1527 प्रुष् ष् 1528 प्लुष् ष् 1529 पुष् ष् 1530 मुष् ष् 1538 लक्ष् ष् 1550 पक्ष् ष् 1557 भक्ष् ष् 1574 श्लिष् ष् 1610 लूष् ष् 1661 म्रक्ष् ष् 1670 रुष् ष् 1692 यक्ष् ष् 1696 लक्ष् ष् 1704 वृष् ष् 1726 घुष् ष् 1730 भूष् ष् 1750 पुष् ष् 1817 शिष् ष् 1834 जुष् ष् 1849 मृष् ष् 1850 धृष् ष् 1862 पष् ष् 1883 गवेष् ष् 1910 रूक्ष् ष्

स्

623 कास् स् 624 भास् स् 625 नास् स् 626 रास् स् 627 नस् स् 628 भ्यस् स् 629 शंस् स् 630 ग्रस् स् 631 ग्लस् स् 710 तुस् स् 711 ह्रस् स् 712 ह्लस् स् 713 रस् स् 714 लस् स् 715 घस् स् 719 पिस् स् 720 पेस् स् 721 हस् स् 727 शस् स् 728 शंस् स् 754 स्रंस् स् 755 ध्वंस् स् 756 भ्रंस् स् 766 प्रस् स् 860 कस् स् 886 अस् स् 894 दास् स् 1005 वस् स् 1021 आस् स् 1022 शास् स् 1023 वस् स् 1024 कंस् स् 1025 निंस् स् 1065 अस् स् 1069 श्वस् स् 1074 चकास् स् 1075 शास् स् 1078 सस् स् 1100 भस् स् 1111 स्नुस् स् 1112 स्नस् स् 1113 क्नस् स् 1117 त्रस् स् 1209 अस् स् 1210 यस् स् 1211 जस् स् 1212 तस् स् 1213 दस् स् 1214 वस् स् 1217 बिस् स् 1218 कुस् स् 1219 बुस् स् 1220 मुस् स् 1221 मस् स् 1456 हिंस् स् 1524 ध्रस् स् 1568 पिस् स् 1616 पंस् स् 1637 पुंस् स् 1639 धूस् स् 1663 ब्रूस् स् 1666 जंस् स् 1668 जस् स् 1675 दंस् स् 1682 भर्त्स् स् 1697 कुत्स् स् 1718 जस् स् 1728 लस् स् 1729 तंस् स् 1741 त्रस् स् 1742 उध्रस् स् 1744 वस् स् 1749 ग्रस् स् 1761 त्रंस् स् 1762 पिंस् स् 1763 कुंस् स् 1786 दंस् स् 1790 रुंस् स् 1829 हिंस् स् 1884 वास् स् 1885 निवास् स् 1918 अंस् स् 1931 रस् स् 1942 वस् स्

ह्

632 ईह् ह् 633 बंह् ह् 634 मंह् ह् 635 अंह् ह् 636 गर्ह् ह् 637 गल्ह् ह् 638 बर्ह् ह् 639 बल्ह् ह् 640 वर्ह् ह् 641 वल्ह् ह् 642 प्लिह् ह् 643 वेह् ह् 644 जेह् ह् 645 वाह् ह् 646 द्राह् ह् 648 ऊह् ह् 649 गाह् ह् 650 गृह् ह् 651 ग्लह् ह् 729 चह् ह् 730 मह् ह् 731 रह् ह् 732 रंह् ह् 733 दृह् ह् 734 दृंह् ह् 735 बृह् ह् 736 बृंह् ह् 737 तुह् ह् 738 दुह् ह् 739 उह् ह् 740 अर्ह् ह् 852 सह् ह् 859 रुह् ह् 895 माह् ह् 896 गुह् ह् 991 दह् ह् 992 मिह् ह् 1004 वह् ह् 1014 दुह् ह् 1015 दिह् ह् 1016 लिह् ह् 1128 सह् ह् 1129 सुह् ह् 1166 नह् ह् 1197 द्रुह् ह् 1198 मुह् ह् 1199

स्नुह् ह् 1200 स्निह् ह् 1272 अह् ह् 1347 वृह् ह् 1348 तृह् ह् 1349 स्तृह् ह् 1350 तृंह् ह् 1455 तृह् ह् 1533 ग्रह् ह् 1572 स्निह् ह् 1626 चह् ह् 1627 रह् ह् 1664 बर्ह् ह् 1731 अर्ह् ह् 1768 बृंह् ह् 1769 बर्ह् ह् 1770 बल्ह् ह् 1797 अंह् ह् 1798 रंह् ह् 1799 मंह् ह् 1809 सह् ह् 1830 अर्ह् ह् 1845 गर्ह् ह् 1858 रह् ह् 1866 चह् ह् 1867 मह् ह् 1871 स्पृह् ह् 1899 गृह् ह् 1901 कुह् ह्

# Roots Indexed on Penultimate Letter

Roots are indexed on penultimate letter, wrt Dhatu Serial No.
1081 चर्करीतं च

-

1045 इ - 1046 इ - 1047 इ – 1143 ई – 953 उ –
936 ऋ - 1098 ऋ – 1497 ॠ –

ं

629 शंस् ं 633 बंह् ं 634 मंह् ं 635 अंह् ं 652 घुंष् ं 728 शंस् ं 732 रंह् ं 734 दृंह् ं 736 बृंह् ं 754 स्रंस् ं 755 ध्वंस् ं 756 भ्रंस् ं 989 दंश् ं 1024 कंस् ं 1025 निंस् ं 1225 भ्रंश् ं 1350 तृंह् ं 1456 हिंस् ं 1616 पंस् ं 1637 पुंस् ं 1666 जंस् ं 1674 दंश् ं 1675 दंस् ं 1729 तंस् ं 1761 त्रंस् ं 1762 पिंस् ं 1763 कुंस् ं 1764 दंश् ं 1765 कुंश् ं 1768 बृंह् ं 1786 दंस् ं 1787 भृंश् ं 1788 रुंश् ं 1790 रुंस् ं 1797 अंह् ं 1798 रंह् ं 1799 मंह् ं 1829 हिंस् ं 1918 अंस् ं

ः

1930 दुःख् ः

अ

8 दध् अ 17 दद् अ 18 स्वद् अ 30 यत् अ 38 अत् अ 50 खद् अ 51 बद् अ 52 गद् अ 53 रद् अ 54 नद् अ 90 कक् अ 93 चक् अ 117 तक् अ 120 कख् अ 130 वख् अ 132 मख् अ 134 नख् अ 136 रख् अ 138 लख् अ 159 घघ् अ 163 सच् अ 165 शच् अ 166 श्वच् अ 168 कच् अ 171 मच् अ 217 ध्रज् अ 221 ध्वज् अ 230 अज् अ 232 खज् अ 238 लज् अ 242 जज् अ 246 गज् अ 252 वज् अ 253 व्रज् अ 294 कट् अ 295 अट् अ 296 पट् अ 297 रट् अ 298 लट् अ 299 शट् अ 300 वट् अ 305 जट् अ 306 झट् अ 307 भट् अ 308 तट् अ 309 खट् अ 310 नट् अ 312 हट् अ 313 सट् अ 320 कट् अ 330 पठ् अ 331 वठ् अ 332 मठ् अ 333 कठ् अ 334 रट् अ 335 हठ् अ 340 शठ् अ 358 अड् अ 359 लड् अ 360 कड् अ 374 त्रप् अ 380 कब् अ 397 जप् अ 399 चप् अ 400 सप् अ 401 रप् अ 402 लप् अ 413 रफ् अ 439 पण् अ 440 पन् अ 442 क्षम् अ 443 कम् अ 444 अण् अ 445 रण् अ 446 वण् अ 447 भण् अ 448 मण् अ 449 कण् अ 450 क्वण् अ 451 व्रण् अ 452 भ्रण् अ 453 ध्वण् अ 459 ध्रण् अ 460 कन् अ 461 स्तन् अ 462 वन् अ 463 वन् अ 464 सण् अ 465 अम् अ 466 द्रम् अ

469 चम् अ 470 छम् अ 471 जम् अ 472 झम् अ 473 क्रम् अ 474 अय् अ 475 वय् अ 476 पय् अ 477 मय् अ 478 चय् अ 479 तय् अ 480 नय् अ 481 दय् अ 482 रय् अ 490 शल् अ 491 वल् अ 493 मल् अ 495 भल् अ 497 कल् अ 512 हय् अ 515 अल् अ 516 फल् अ 530 फल् अ 544 स्खल् अ 545 खल् अ 546 गल् अ 547 सल् अ 548 दल् अ 549 श्वल् अ 554 त्सर् अ 555 क्मर् अ 559 चर् अ 599 मव् अ 600 अव् अ 627 नस् अ 628 भ्यस् अ 630 ग्रस् अ 631 ग्लस् अ 651 ग्लह् अ 685 कष् अ 686 खष् अ 688 जष् अ 689 झष् अ 690 शष् अ 691 वष् अ 692 मष् अ 695 भष् अ 711 ह्रस् अ 712 ह्लस् अ 713 रस् अ 714 लस् अ 715 घस् अ 721 हस् अ 724 मश् अ 725 शव् अ 726 शश् अ 727 शस् अ 729 चह् अ 730 मह् अ 731 रह् अ 752 नभ् अ 763 घट् अ 764 व्यथ् अ 765 प्रथ् अ 766 प्रस् अ 767 म्रद् अ 768 स्खद् अ 771 क्रप् अ 775 त्वर् अ 776 ज्वर् अ 777 गड् अ 779 वट् अ 780 भट् अ 781 नट् अ 782 स्तक् अ 783 चक् अ 784 कख् अ 785 रग् अ 786 लग् अ 787 ह्रग् अ 788 ह्लग् अ 789 सग् अ 790 स्तग् अ 791 कग् अ 792 अक् अ 793 अग् अ 794 कण् अ 795 रण् अ 796 चण् अ 797 शण् अ 798 श्रण् अ 799 श्रथ् अ 800 क्नथ् अ 801 क्रथ् अ 802 क्लथ् अ 803 वन् अ 804 ज्वल् अ 805 ह्वल् अ 806 ह्मल् अ 812 चल् अ 813 छद् अ 814 लड् अ 815 मद् अ 816 ध्वन् अ 817 स्वन् अ 818 शम् अ 819 यम् अ 820 स्खद् अ 821 फण् अ 826 स्यम् अ 827 स्वन् अ 828 ध्वन् अ 829 सम् अ 830 स्तम् अ 831 ज्वल् अ 832 चल् अ 833 जल् अ 834 टल् अ 835 ट्वल् अ 836 स्थल् अ 837 हल् अ 838 नल् अ 839 पल् अ 840 बल् अ 843 शल् अ 845 पत् अ 846 क्वथ् अ 847 पथ् अ 848 मथ् अ 849 वम् अ 850 भ्रम् अ 851 क्षर् अ 852 सह् अ 853 रम् अ 854 सद् अ 855 शद् अ 860 कस् अ 865 चत् अ 866 चद् अ 878 खन् अ 881 व्यय् अ 886 अस् अ 887 स्पश् अ 888 लष् अ 889 चष् अ 890 छष् अ 891 झष् अ 973 बध् अ 974 रभ् अ 975 लभ् अ 977 हद् अ 980 यभ् अ 981 नम् अ 982 गम् अ 984 यम् अ 985 तप् अ 986 त्यज् अ 991 दह् अ 996 पच् अ 997 सच् अ 998 भज् अ 1000 शप् अ 1002 यज् अ 1003 वप् अ 1004 वह् अ 1005 वस् अ 1009 वद् अ 1011 अद् अ 1012 हन् अ 1023 वस् अ 1063 वच् अ 1065 अस् अ 1068 स्वप् अ 1069 श्वस् अ 1070 अन् अ 1078 सस् अ 1080 वश् अ 1100 भस् अ 1104 धन् अ 1105 जन् अ 1112 स्नस् अ 1113 क्नस् अ 1117 त्रस् अ 1128 सह् अ 1149 जन् अ 1159 तप् अ 1166 नह् अ 1168 शप् अ 1169 पद् अ 1175 अण् अ 1176 मन् अ 1181 व्यध् अ 1187 शक् अ 1193 रध् अ 1194 नश् अ 1201 शम् अ 1202 तम् अ 1203 दम् अ 1204 श्रम् अ 1205 भ्रम् अ 1206 क्षम् अ 1207 क्लम् अ 1208 मद् अ 1209 अस् अ 1210 यस् अ 1211 जस् अ 1212 तस् अ 1213 दस् अ 1214 वस् अ 1221 मस् अ 1240 नभ् अ 1261 शक् अ 1264 अश् अ 1268 सघ् अ 1272 अह् अ 1273 दघ् अ 1274 चम् अ 1290 लज् अ 1293 व्यच् अ 1301 त्वच् अ 1356 चल् अ

1380 कड् अ 1427 सद् अ 1428 शद् अ 1463 तन् अ 1464 सन् अ 1465 क्षण् अ 1470 वन् अ 1471 मन् अ 1520 नभ् अ 1523 अश् अ 1524 ध्रस् अ 1531 खच् अ 1533 ग्रह् अ 1540 लड् अ 1543 जल् अ 1545 नट् अ 1546 श्रथ् अ 1547 बध् अ 1553 प्रथ् अ 1564 शठ् अ 1565 श्वठ् अ 1578 श्रण् अ 1579 तड् अ 1580 खड् अ 1597 क्षल् अ 1598 तल् अ 1604 कल् अ 1608 चल् अ 1617 व्रज् अ 1624 ज्ञप् अ 1625 यम् अ 1626 चह् अ 1627 रह् अ 1628 बल् अ 1647 गज् अ 1658 ह्लप् अ 1668 जस् अ 1676 डप् अ 1680 स्पश् अ 1687 लल् अ 1691 शठ् अ 1693 स्यम् अ 1695 शम् अ 1699 गल् अ 1700 भल् अ 1705 मद् अ 1715 कण् अ 1718 जस् अ 1719 पश् अ 1720 अम् अ 1721 चट् अ 1723 घट् अ 1728 लस् अ 1733 भज् अ 1735 यत् अ 1736 रक् अ 1737 लग् अ 1741 त्रस् अ 1742 उध्रस् अ 1744 वस् अ 1745 चर् अ 1749 ग्रस् अ 1751 दल् अ 1752 पट् अ 1766 घट् अ 1778 नद् अ 1791 नट् अ 1801 तड् अ 1802 नल् अ 1805 स्वद् अ 1809 सह् अ 1818 तप् अ 1823 श्रथ् अ 1831 सद् अ 1833 छद् अ 1840 तन् अ 1841 वद् अ 1842 वच् अ 1851 कथ् अ 1852 वर् अ 1853 गण् अ 1854 शठ् अ 1855 श्वठ् अ 1856 पट् अ 1857 वट् अ 1858 रह् अ 1859 स्तन् अ 1860 गद् अ 1861 पत् अ 1862 पष् अ 1863 स्वर् अ 1864 रच् अ 1865 कल् अ 1866 चह् अ 1867 मह् अ 1870 श्रथ् अ 1889 ध्वन् अ 1898 पद् अ 1919 वट् अ 1920 लज् अ 1931 रस् अ 1932 व्यय् अ 1935 छद् अ 1937 व्रण् अ 1942 वस् अ

आ

1021 आस् आ 1260 आप् आ 1839 आप् आ

ा

4 गाध् ा 5 बाध् ा 6 नाथ् ा 7 नाध् ा 26 ह्राद् ा 27 ह्लाद् ा 28 स्वाद् ा 49 खाद् ा 112 राघ् ा 113 लाघ् ा 114 द्राघ् ा 115 श्लाघ् ा 122 राख् ा 123 लाख् ा 124 द्राख् ा 125 ध्राख् ा 126 शाख् ा 127 श्लाख् ा 181 भ्राज् ा 240 लाज् ा 286 बाड् ा 287 द्राड् ा 288 ध्राड् ा 289 शाड् ा 441 भाम् ा 486 क्ष्माय् ा 487 स्फाय् ा 488 प्याय् ा 489 ताय् ा 601 धाव् ा 612 भाष् ा 623 कास् ा 624 भास् ा 625 नास् ा 626 रास् ा 645 वाह् ा 646 द्राह् ा 647 काश् ा 649 गाह् ा 822 राज् ा 823 भ्राज् ा 824 भ्राश् ा 825 भ्लाश् ा 863 याच् ा 880 चाय् ा 882 दाश् ा 894 दास् ा 895 माह् ा 972 मान् ा 994 दान् ा 995 शान् ा 1022 शास् ा 1074 चकास् ा 1075 शास् ा 1162 काश् ा 1163 वाश् ा 1180 राध् ा 1262 राध् ा 1263 साध् ा 1279 दाश् ा 1609 पाल् ा 1709 मान् ा 1843 मान् ा 1868 सार् ा 1872 भाम् ा 1877 कुमार् ा 1879 साम् ा 1882 वात् ा 1884 वास् ा 1885 निवास् ा 1886

भाज् ा 1887 सभाज् ा 1892 ग्राम् ा 1911 पार् ा 1922 सङ्ग्राम् ा 1936 लाभ् ा

इ

140 इख् इ 318 इट् इ 1127 इष् इ 1351 इष् इ 1357 इल् इ 1525 इष् इ 1660 इल् इ

ि

33 विथ् ि 39 चित् ि 47 सिध् ि 48 सिध् ि 103 टिक् ि 105 तिक् ि 301 किट् ि 302 खिट् ि 303 शिट् ि 304 सिट् ि 311 पिट् ि 315 चिट् ि 316 विट् ि 317 बिट् ि 319 किट् ि 339 पिठ् ि 362 तिप् ि 364 स्तिप् ि 534 तिल् ि 560 ष्ठिव् ि 642 प्लिह् ि 687 शिष् ि 694 रिष् ि 697 जिष् ि 698 विष् ि 699 मिष् ि 701 श्रिष् ि 702 श्लिष् ि 719 पिस् ि 722 निश् ि 723 मिश् ि 742 श्वित् ि 743 मिद् ि 744 स्विद् ि 868 मिद् ि 871 निद् ि 971 तिज् ि 978 स्विद् ि 992 मिह् ि 993 कित् ि 1001 त्विष् ि 1013 द्विष् ि 1015 दिह् ि 1016 लिह् ि 1064 विद् ि 1093 निज् ि 1094 विज् ि 1095 विष् ि 1103 धिष् ि 1107 दिव् ि 1108 सिव् ि 1109 स्रिव् ि 1110 ष्ठिव् ि 1121 क्षिप् ि 1123 तिम् ि 1124 स्तिम् ि 1161 क्लिश् ि 1170 खिद् ि 1171 विद् ि 1179 लिश् ि 1186 श्लिष् ि 1188 स्विद् ि 1192 सिध् ि 1200 स्निह् ि 1217 बिस् ि 1231 रिष् ि 1232 डिप् ि 1242 क्लिद् ि 1243 मिद् ि 1244 क्ष्विद् ि 1265 स्तिघ् ि 1266 तिक् ि 1267 तिग् ि 1283 दिश् ि 1285 क्षिप् ि 1289 विज् ि 1306 रिफ् ि 1325 विध् ि 1352 मिष् ि 1353 किल् ि 1354 तिल् ि 1355 चिल् ि 1358 विल् ि 1359 बिल् ि 1360 निल् ि 1361 हिल् ि 1362 शिल् ि 1363 सिल् ि 1364 मिल् ि 1365 लिख् ि 1371 डिप् ि 1420 रिश् ि 1421 लिश् ि 1424 विश् ि 1429 मिल् ि 1432 विद् ि 1433 लिप् ि 1434 सिच् ि 1436 खिद् ि 1437 पिश् ि 1439 भिद् ि 1440 छिद् ि 1441 रिच् ि 1442 विच् ि 1449 खिद् ि 1450 विद् ि 1451 शिष् ि 1452 पिष् ि 1460 विज् ि 1466 क्षिण् ि 1522 क्लिश् ि 1526 विष् ि 1532 हिठ् ि 1568 पिस् ि 1572 स्निह् ि 1573 स्मिट् ि 1574 श्लिष् ि 1605 विल् ि 1606 बिल् ि 1607 तिल् ि 1652 तिज् ि 1671 डिप् ि 1673 चित् ि 1677 डिप् ि 1706 दिव् ि 1708 विद् ि 1724 दिव् ि 1816 रिच् ि 1817 शिष् ि 1941 क्षिप् ि

ई

182 ईज् ई 611 ईष् ई 632 ईह् ई 684 ईष् ई 1018 ईर् ई 1019 ईड् ई 1020 ईश् ई 1667 ईड् ई 1810 ईर् ई

ी

75 शीक् ी 104 टीक् ी 106 तीक् ी 237 क्षीज् ी 350 क्रीड् ी 381 क्लीब् ी 382 क्षीब् ी 383 शीभ् ी 384 चीभ् ी 468 मीम् ी 517 मील् ी 518 श्मील् ी 519 स्मील् ी 520 क्ष्मील् ी 521 पील् ी 522 नील् ी 523 शील् ी 524 कील् ी 562 जीव् ी 563 पीव् ी 564 मीव् ी 565 तीव् ी 566 नीव् ी 567 क्षीव् ी 879 चीव् ी 1125 स्तीम् ी 1126 व्रीड् ी 1150 दीप् ी 1544 पीड् ी 1640 कीट् ी 1774 चीव् ी 1789 शीक् ी 1826 शीक् ी 1827 चीक् ी 1878 शील् ी 1903 वीर् ी 1912 तीर् ी

उ

128 उख् उ 338 उठ् उ 696 उष् उ 739 उह् उ 1223 उच् उ 1319 उभ् उ

ु

16 मुद् ु 24 गुद् ु 31 युत् ु 32 जुत् ु 40 च्युत् ु 41 श्च्युत् ु 91 कुक् ु 175 स्तुच् ु 183 शुच् ु 184 कुच् ु 195 म्रुच् ु 196 म्लुच् ु 197 ग्रुच् ु 198 ग्लुच् ु 199 कुज् ु 200 खुज् ु 244 तुज् ु 250 मुज् ु 260 स्फुट् ु 314 लुट् ु 323 मुड् ु 324 प्रुड् ु 329 स्फुट् ु 336 रुठ् ु 337 लुठ् ु 341 शुठ् ु 351 तुड् ु 352 हुड् ु 394 स्तुभ् ु 395 गुप् ु 403 चुप् ु 404 तुप् ु 406 त्रुप् ु 408 तुफ् ु 410 त्रुफ् ु 432 शुभ् ु 437 घुण् ु 653 घुष् ु 693 रुष् ु 700 पुष् ु 703 प्रुष् ु 704 प्लुष् ु 710 तुस् ु 737 तुह् ु 738 दुह् ु 741 द्युत् ु 745 रुच् ु 746 घुट् ु 747 रुट् ु 748 लुट् ु 749 लुठ् ु 750 शुभ् ु 751 क्षुभ् ु 753 तुभ् ु 841 पुल् ु 842 कुल् ु 844 हुल् ु 856 क्रुश् ु 857 कुच् ु 858 बुध् ु 859 रुह् ु 875 बुध् ु 896 गुह् ु 970 गुप् ु 1014 दुह् ु 1067 रुद् ु 1102 तुर् ु 1111 स्नुस् ु 1114 व्युष् ु 1115 प्लुष् ु 1118 कुथ् ु 1119 पुथ् ु 1120 गुध् ु 1129 सुह् ु 1165 शुच् ु 1172 बुध् ु 1173 युध् ु 1174 रुध् ु 1177 युज् ु 1182 पुष् ु 1183 शुष् ु 1184 तुष् ु 1185 दुष् ु 1189 क्रुध् ु 1190 क्षुध् ु 1191 शुध् ु 1197 द्रुह् ु 1198 मुह् ु 1199 स्नुह् ु 1215 व्युष् ु 1216 प्लुष् ु 1218 कुस् ु 1219 बुस् ु 1220 मुस् ु 1222 लुट् ु 1230 रुष् ु 1233 कुप् ु 1234 गुप् ु 1235 युप् ु 1236 रुप् ु 1237 लुप् ु 1238 लुभ् ु 1239 क्षुभ् ु 1241 तुभ् ु 1281 तुद् ु 1282 नुद् ु 1288 जुष् ु 1305 लुभ् ु 1309 तुप् ु 1311 तुफ् ु 1317 गुफ् ु 1321 शुभ् ु 1326 जुड् ु 1332 तुण् ु 1333 पुण् ु 1334 मुण् ु 1335 कुण् ु 1336 शुन् ु 1337 द्रुण् ु 1338 घुण् ु 1340 सुर् ु 1341 कुर् ु 1342 खुर् ु 1343 मुर् ु 1344 क्षुर् ु

1345 घुर् ु 1346 पुर् ु 1366 कुट् ु 1367 पुट् ु 1368 कुच् ु 1369 गुज् ु 1370 गुड् ु 1372 छुर् ु 1373 स्फुट् ु 1374 मुट् ु 1375 त्रुट् ु 1376 तुट् ु 1377 चुट् ु 1378 छुट् ु 1379 जुड् ु 1381 लुट् ु 1383 कुड् ु 1384 पुड् ु 1385 घुट् ु 1386 तुड् ु 1387 थुड् ु 1388 स्थुड् ु 1389 स्फुर् ु 1390 स्फुल् ु 1391 स्फुड् ु 1392 चुड् ु 1393 व्रुड् ु 1394 क्रुड् ु 1396 गुर् ु 1416 रुज् ु 1417 भुज् ु 1418 छुप् ु 1419 रुश् ु 1426 नुद् ु 1430 मुच् ु 1431 लुप् ु 1438 रुध् ु 1443 क्षुद् ु 1444 युज् ु 1454 भुज् ु 1517 गुध् ु 1518 कुष् ु 1519 क्षुभ् ु 1521 तुभ् ु 1527 प्रुष् ु 1528 प्लुष् ु 1529 पुष् ु 1530 मुष् ु 1534 चुर् ु 1592 चुद् ु 1599 तुल् ु 1600 दुल् ु 1601 पुल् ु 1602 चुल् ु 1613 चुट् ु 1614 मुट् ु 1644 शुठ् ु 1646 जुड् ु 1670 रुष् ु 1672 स्तुप् ु 1698 त्रुट् ु 1722 स्फुट् ु 1726 घुष् ु 1740 मुद् ु 1743 मुच् ु 1750 पुष् ु 1753 पुट् ु 1754 लुट् ु 1771 गुप् ु 1775 पुथ् ु 1779 कुप् ु 1783 रुट् ु 1804 रुज् ु 1806 युज् ु 1834 जुष् ु 1893 कुण् ु 1894 गुण् ु 1901 कुह् ु 1913 पुट् ु 1929 सुख् ु

ऊ

483 ऊय् ऊ 648 ऊह् ऊ 683 ऊष् ऊ 1888 ऊन् ऊ

ू

25 सूद् ू 223 कूज् ू 353 हूड् ू 396 धूप् ू 484 पूय् ू 485 क्नूय् ू 525 कूल् ू 526 शूल् ू 527 तूल् ू 528 पूल् ू 529 मूल् ू 673 चूष् ू 674 तूष् ू 675 पूष् ू 676 मूष् ू 677 लूष् ू 678 रूष् ू 679 शूष् ू 680 यूष् ू 681 जूष् ू 682 भूष् ू 1151 पूर् ू 1152 तूर् ू 1153 धूर् ू 1154 गूर् ू 1155 घूर् ू 1156 जूर् ू 1157 शूर् ू 1158 चूर् ू 1603 मूल् ू 1610 लूष् ू 1636 पूल् ू 1639 धूस् ू 1642 पूज् ू 1663 ब्रूस् ू 1688 कूण् ू 1689 तूण् ू 1690 भ्रूण् ू 1694 गूर् ू 1701 कूट् ू 1717 सूद् ू 1730 भूष् ू 1772 धूप् ू 1803 पूर् ू 1873 सूच् ू 1881 पल्पूल् ू 1890 कूट् ू 1896 कूट् ू 1902 शूर् ू 1904 स्थूल् ू 1933 रूप् ू

ऋ

176 ऋज् ऋ 1245 ऋध् ऋ 1271 ऋध् ऋ 1287 ऋष् ऋ 1302 ऋच् ऋ 1315 ऋफ् ऋ 1467 ऋण् ऋ

ृ

92 वृक् ृ 178 भृज् ृ 219 धृज् ृ 248 गृज् ृ 430 सृभ् ृ 650 गृह् ृ 705 पृष् ृ 706 वृष् ृ 707 मृष् ृ 708 घृष् ृ 709 हृष् ृ 733 दृह् ृ 735 बृह् ृ 758 वृत् ृ

759 वृध् ृ 760 शृध् ृ 762 कृप् ृ 873 शृध् ृ 874 मृध् ृ 983 सृप् ृ 988 दृश् ृ 990 कृष् ृ 1029 वृज् ृ 1030 पृच् ृ 1066 मृज् ृ 1116 नृत् ृ 1160 वृत् ृ 1164 मृष् ृ 1178 सृज् ृ 1195 तृप् ृ 1196 दृप् ृ 1224 भृश् ृ 1226 वृश् ृ 1227 कृश् ृ 1228 तृष् ृ 1229 हृष् ृ 1246 गृध् ृ 1269 धृष् ृ 1286 कृष् ृ 1307 तृप् ृ 1313 दृप् ृ 1323 दृभ् ृ 1324 चृत् ृ 1327 मृड् ृ 1328 पृड् ृ 1329 पृण् ृ 1330 वृण् ृ 1331 मृण् ृ 1347 वृह् ृ 1348 तृह् ृ 1349 स्तृह् ृ 1382 कृड् ृ 1395 भृड् ृ 1414 सृज् ृ 1422 स्पृश् ृ 1425 मृश् ृ 1435 कृत् ृ 1445 छृद् ृ 1446 तृद् ृ 1447 कृत् ृ 1455 तृह् ृ 1461 वृज् ृ 1462 पृच् ृ 1468 तृण् ृ 1469 घृण् ृ 1515 मृद् ृ 1516 मृड् ृ 1554 पृथ् ृ 1704 वृष् ृ 1734 शृध् ृ 1781 वृत् ृ 1782 वृध् ृ 1807 पृच् ृ 1812 वृज् ृ 1819 तृप् ृ 1820 छृद् ृ 1821 दृभ् ृ 1822 दृभ् ृ 1848 मृज् ृ 1849 मृष् ृ 1850 धृष् ृ 1869 कृप् ृ 1871 स्पृह् ृ 1899 गृह् ृ 1900 मृग् ृ

ॄ

1653 कॄत् ॄ

ॢ

1748 कॢप् ॢ

ए

2 एध् ए 179 एज् ए 234 एज् ए 267 एठ् ए 618 एष् ए

े

34 वेथ् े 78 द्रेक् े 79 ध्रेक् े 80 रेक् े 81 सेक् े 82 स्रेक् े 180 भ्रेज् े 231 तेज् े 266 हेठ् े 284 हेड् े 292 म्लेट् े 293 म्रेड् े 363 तेप् े 365 स्तेप् े 366 ग्लेप् े 367 वेप् े 368 केप् े 369 गेप् े 370 ग्लेप् े 371 मेप् े 372 रेप् े 373 लेप् े 385 रेभ् े 499 तेव् े 500 देव् े 501 सेव् े 502 गेव् े 503 ग्लेव् े 504 पेव् े 505 मेव् े 506 म्लेव् े 507 रेव् े 535 वेल् े 536 चेल् े 537 केल् े 538 खेल् े 539 क्ष्वेल् े 541 पेल् े 542 फेल् े 543 शेल् े 568 क्षेव् े 607 क्लेश् े 614 गेष् े 615 पेष् े 616 जेष् े 617 नेष् े 619 प्रेष् े 620 रेष् े 621 हेष् े 622 ह्रेष् े 643 वेह् े 644 जेह् े 720 पेस् े 778 हेड् े 864 रेट् े 869 मेद् े 870 मेध् े 872 नेद् े 877 वेण् े 883 भेष् े 884 भ्रेष् े 885 भ्लेष् े 1874 खेट् े 1880 वेल् े 1883 गवेष् े 1891 सङ्केत् े 1895 केत् े 1897 स्तेन् े 1914 धेक् े 1934 छेद् े

ै

458 पैण् ै

ओ

121 ओख् ओ 454 ओण् ओ

ो

76 लोक् ो 77 श्लोक् ो 164 लोच् ो 285 होड् ो 354 होड् ो 356 रोड् ो 357 लोड् ो 455 शोण् ो 456 श्रोण् ो 457 श्लोण् ो 551 खोल् ो 552 खोर् ो 553 धोर् ो 867 प्रोथ् ो 1776 लोक् ो 1777 लोच् ो 1875 क्षोट् ो 1876 गोम् ो 1923 स्तोम् ो

ौ

98 ढौक् ौ 99 त्रौक् ौ 290 शौट् ौ 291 यौट् ौ 355 रौड् ौ

क्

116 फक्क् क् 119 बुक्क् क् 602 धुक्ष् क् 603 धिक्ष् क् 604 वृक्ष् क् 605 शिक्ष् क् 606 भिक्ष् क् 608 दक्ष् क् 609 दीक्ष् क् 610 ईक्ष् क् 654 अक्ष् क् 655 तक्ष् क् 656 त्वक्ष् क् 657 उक्ष् क् 658 रक्ष् क् 659 निक्ष् क् 660 त्रक्ष् क् 661 स्त्रक्ष् क् 662 नक्ष् क् 663 वक्ष् क् 664 मृक्ष् क् 665 तक्ष् क् 666 सूर्क्ष् क् 667 काङ्क्ष् क् 668 वाङ्क्ष् क् 669 माङ्क्ष् क् 670 द्राङ्क्ष् क् 671 ध्राङ्क्ष् क् 672 ध्वाङ्क्ष् क् 770 दक्ष् क् 861 हिक्क् क् 892 भ्रक्ष् क् 893 भ्लक्ष् क् 916 कै क् 951 कु क् 1017 चक्ष् क् 1042 कु क् 1071 जक्ष् क् 1101 कि क् 1253 कृ क् 1401 कु क् 1409 कॄ क् 1472 कृ क् 1478 स्कु क् 1485 कॄ क् 1496 कॄ क् 1538 लक्ष् क् 1550 पक्ष् क् 1557 भक्ष् क् 1593 नक्क् क् 1594 धक्क् क् 1595 चक्क् क् 1596 चुक्क् क् 1661 म्रक्ष् क् 1692 यक्ष् क् 1696 लक्ष् क् 1713 बुक्क् क् 1910 रूक्ष् क्

ख्

912 खै ख्

ग्

917 गै ग् 937 गृ ग् 949 गु ग् 950 गा ग् 1072 जागृ ग् 1106 गा ग् 1399 गु ग् 1410 गॄ ग् 1498 गॄ ग् 1707 गृ ग्

घ्

938 घृ घ् 952 घु घ् 1096 घृ घ् 1136 धी घ् 1255 धु घ् 1406 धि घ् 1650 घृ घ्

ङ्
83 स्रङ्क् ङ् 84 श्रङ्क् ङ् 85 श्लङ्क् ङ् 86 शङ्क् ङ् 87 अङ्क् ङ् 88 वङ्क् ङ् 89 मङ्क् ङ् 94 कङ्क् ङ् 95 वङ्क् ङ् 96 श्वङ्क् ङ् 97 त्रङ्क् ङ् 107 रङ्घ् ङ् 108 लङ्घ् ङ् 109 अङ्घ् ङ् 110 वङ्घ् ङ् 111 मङ्घ् ङ् 118 तङ्क् ङ् 129 उङ्ख् ङ् 131 वङ्ख् ङ् 133 मङ्ख् ङ् 135 नङ्ख् ङ् 137 रङ्ख् ङ् 139 लङ्ख् ङ् 141 इङ्ख् ङ् 142 ईङ्ख् ङ् 144 रङ्ग् ङ् 145 लङ्ग् ङ् 146 अङ्ग् ङ् 147 वङ्ग् ङ् 148 मङ्ग् ङ् 149 तङ्ग् ङ् 150 त्वङ्ग् ङ् 151 श्रङ्ग् ङ् 152 श्लङ्ग् ङ् 153 इङ्ग् ङ् 154 रिङ्ग् ङ् 155 लिङ्ग् ङ् 156 युङ्ग् ङ् 157 जुङ्ग् ङ् 158 बुङ्ग् ङ् 160 मङ्घ् ङ् 161 शिङ्घ् ङ् 954 ङु ङ् 1638 टङ्क् ङ् 1739 लिङ्ग् ङ् 1760 लङ्घ् ङ् 1795 रङ्घ् ङ् 1796 लङ्घ् ङ् 1927 अङ्क् ङ् 1928 अङ्ग् ङ्

च्
205 म्लेच्छ् च् 206 लच्छ् च् 210 ह्रीच्छ् च् 214 युच्छ् च् 216 उच्छ् च् 513 शुच्य् च् 1251 चि च् 1295 उच्छ् च् 1296 ऋच्छ् च् 1297 मिच्छ् च् 1413 प्रच्छ् च् 1423 विच्छ् च् 1576 पिच्छ् च् 1629 चि च् 1662 म्लेच्छ् च् 1773 विच्छ् च् 1794 चि च्

छ्
1146 छो छ्

ज्
561 जि ज् 914 जै ज् 946 जि ज् 1130 जॄ ज् 1304 उज्झ् ज् 1494 जॄ ज् 1793 जि ज् 1814 जॄ ज्

झ्
1131 झॄ झ्

ञ्
167 श्वञ्च् ञ् 169 कञ्च् ञ् 170 काञ्च् ञ् 172 मुञ्च् ञ् 173 मञ्च् ञ् 174 पञ्च् ञ् 177 ऋञ्ज् ञ् 185 कुञ्च् ञ् 186 क्रुञ्च् ञ् 187 लुञ्च् ञ् 188 अञ्च् ञ् 189 वञ्च् ञ् 190 चञ्च् ञ् 191 तञ्च् ञ् 192 त्वञ्च् ञ् 193 म्रुञ्च् ञ् 194 म्लुञ्च् ञ् 201 ग्लुञ्च् ञ् 203 गुञ्ज् ञ् 207 लाञ्छ् ञ् 208 वाञ्छ् ञ् 209 आञ्छ् ञ् 215 उञ्छ् ञ् 218 ध्रञ्ज् ञ् 220 धृञ्ज् ञ् 222 ध्वञ्ज् ञ् 233 खञ्ज् ञ् 239 लञ्ज् ञ् 241 लाञ्ज् ञ् 243 जञ्ज् ञ् 245 तुञ्ज् ञ् 247 गञ्ज् ञ् 249 गृञ्ज् ञ् 251 मुञ्ज् ञ् 769 क्षञ्ज् ञ्

811 ज्ञा ञ् 862 अञ्च् ञ् 976 स्वञ्ज् ञ् 987 सञ्ज् ञ् 999 रञ्ज् ञ् 1026 निञ्ज् ञ् 1027 शिञ्ज् ञ् 1028 पिञ्ज् ञ् 1167 रञ्ज् ञ् 1294 उञ्छ् ञ् 1453 भञ्ज् ञ् 1458 अञ्ज् ञ् 1459 तञ्च् ञ् 1507 ज्ञा ञ् 1566 तुञ्ज् ञ् 1567 पिञ्ज् ञ् 1621 छञ्ज् ञ् 1651 पञ्च् ञ् 1703 वञ्च् ञ् 1732 ज्ञा ञ् 1738 अञ्च् ञ् 1755 तुञ्ज् ञ् 1756 मिञ्ज् ञ् 1757 पिञ्ज् ञ् 1758 लुञ्ज् ञ् 1759 भञ्ज् ञ् 1784 लञ्ज् ञ् 1785 अञ्ज् ञ्

ट्

254 अट्ट् ट् 259 घट्ट् ट् 1558 कुट्ट् ट् 1559 पुट्ट् ट् 1560 चुट्ट् ट् 1561 अट्ट् ट् 1562 सुट्ट् ट् 1630 घट्ट् ट् 1632 खट्ट् ट् 1633 सट्ट् ट् 1634 स्फिट्ट् ट् 1702 कुट्ट् ट्

ड्

347 चुड्ड् ड् 348 अड्ड् ड् 349 कड्ड् ड् 968 डी ड् 1135 डी ड्

ण्

65 गण्ड् ण् 261 अण्ठ् ण् 262 वण्ठ् ण् 263 मण्ठ् ण् 264 कण्ठ् ण् 265 मुण्ठ् ण् 268 हिण्ड् ण् 269 हुण्ड् ण् 270 कुण्ड् ण् 271 वण्ड् ण् 272 मण्ड् ण् 273 भण्ड् ण् 274 पिण्ड् ण् 275 मुण्ड् ण् 276 तुण्ड् ण् 277 हुण्ड् ण् 278 चण्ड् ण् 279 शण्ड् ण् 280 तण्ड् ण् 281 पण्ड् ण् 282 कण्ड् ण् 283 खण्ड् ण् 321 मण्ड् ण् 322 कुण्ड् ण् 325 चुण्ड् ण् 326 मुण्ड् ण् 327 रुण्ट् ण् 328 लुण्ट् ण् 342 कुण्ठ् ण् 343 लुण्ठ् ण् 344 शुण्ठ् ण् 345 रुण्ठ् ण् 346 लुण्ठ् ण् 361 गण्ड् ण् 434 घिण्ण् ण् 435 घुण्ण् ण् 436 घृण्ण् ण् 1037 क्ष्णु ण् 1039 ऊर्णु ण् 1537 स्फुण्ड् ण् 1542 ओलण्ड् ण् 1563 लुण्ठ् ण् 1581 खण्ड् ण् 1582 कण्ड् ण् 1583 कुण्ड् ण् 1584 गुण्ड् ण् 1585 खुण्ड् ण् 1586 वण्ट् ण् 1587 मण्ड् ण् 1588 भण्ड् ण् 1615 पण्ड् ण् 1645 शुण्ठ् ण् 1659 चुण्ट् ण् 1669 पिण्ड् ण् 1767 घण्ट् ण् 1792 पुण्ट् ण् 1800 लण्ड् ण् 1847 कण्ठ् ण् 1926 दण्ड् ण्

त्

37 कत्थ् त् 922 स्तै त् 969 तॄ त् 1043 स्तु त् 1252 स्तृ त् 1484 स्तॄ त् 1536 यन्त्र् त् 1569 सान्त्व् त् 1678 तन्त्र् त् 1679 मन्त्र् त् 1682 भर्त्स् त् 1697 कुत्स् त् 1906 सत्र् त् 1908 सूत्र् त् 1909 मूत्र् त् 1915 कत्र् त् 1917 चित्र् त् 1943 तुत्थ् त्

थ्

928 स्था थ्

द्
808 दॄ द् 924 दै द् 930 दा द् 944 दु द् 962 दे द् 1059 दा द् 1091 दा द् 1133 दू द् 1134 दी द् 1148 दो द् 1256 दु द् 1280 दृ द् 1411 दृ द् 1493 दॄ द् 1539 कुन्द्र् द् 1924 छिद्र् द्

ध्
900 धृ ध् 902 धे ध् 960 धृ ध् 1076 दीधी ध् 1092 धा ध् 1398 धू ध् 1412 धृ ध् 1487 धू ध् 1835 धू ध्

न्
9 स्कुन्द् न् 10 श्विन्द् न् 11 वन्द् न् 12 भन्द् न् 13 मन्द् न् 14 स्पन्द् न् 15 क्लिन्द् न् 35 श्रन्थ् न् 36 ग्रन्थ् न् 42 मन्थ् न् 43 कुन्थ् न् 44 पुन्थ् न् 45 लुन्थ् न् 46 मन्थ् न् 61 अन्त् न् 62 अन्द् न् 63 इन्द् न् 64 बिन्द् न् 66 निन्द् न् 67 नन्द् न् 68 चन्द् न् 69 त्रन्द् न् 70 कन्द् न् 71 क्रन्द् न् 72 क्लन्द् न् 73 क्लिन्द् न् 74 शुन्ध् न् 587 इन्व् न् 588 पिन्व् न् 589 मिन्व् न् 590 निन्व् न् 591 हिन्व् न् 592 दिन्व् न् 593 धिन्व् न् 594 जिन्व् न् 595 रिन्व् न् 596 रन्व् न् 597 धन्व् न् 598 कृन्व् न् 761 स्यन्द् न् 772 कन्द् न् 773 क्रन्द् न् 774 क्लन्द् न् 809 नॄ न् 876 बुन्द् न् 901 नी न् 923 स्नै न् 929 म्ना न् 979 स्कन्द् न् 1035 नु न् 1038 स्नु न् 1052 स्ना न् 1082 ह्नु न् 1397 नू न् 1448 इन्ध् न् 1457 उन्द् न् 1480 क्नू न् 1495 नॄ न् 1508 बन्ध् न् 1510 श्रन्थ् न् 1511 मन्थ् न् 1512 श्रन्थ् न् 1513 ग्रन्थ् न् 1514 कुन्थ् न् 1535 चिन्त् न् 1541 मिन्द् न् 1575 पन्थ् न् 1577 छन्द् न् 1684 गन्ध् न् 1727 क्रन्द् न् 1825 ग्रन्थ् न् 1832 शुन्ध् न् 1837 श्रन्थ् न् 1838 ग्रन्थ् न् 1925 अन्ध् न्

प्
920 पै प् 925 पा प् 966 पू प् 1056 पा प् 1086 पॄ प् 1141 पी प् 1258 पृ प् 1259 स्पृ प् 1402 पृ प् 1405 पि प् 1482 पू प् 1489 पॄ प् 1548 पॄ प्

ब्
1303 उब्ज् ब् 1714 शब्द् ब्

भ्
1 भू भ् 556 अभ्र् भ् 557 वभ्र् भ् 558 मभ्र् भ् 898 भृ भ् 1051 भा भ् 1084 भी भ् 1087 भृ भ् 1491 भॄ भ् 1623 श्वभ्र् भ् 1747 भू भ् 1844 भू भ्

म्

375 कम्प् म् 376 रम्ब् म् 377 लम्ब् म् 378 अम्ब् म् 379 लम्ब् म् 386 स्तम्भ् म् 387 स्कम्भ् म् 388 जम्भ् म् 389 जृम्भ् म् 393 श्रम्भ् म् 405 तुम्प् म् 407 त्रुम्प् म् 409 तुम्फ् म् 411 त्रुम्फ् म् 414 रम्फ् म् 426 कुम्ब् म् 427 लुम्ब् म् 428 तुम्ब् म् 429 चुम्ब् म् 431 सृम्भ् म् 433 शुम्भ् म् 467 हम्म् म् 757 स्रम्भ् म् 807 स्मृ म् 927 ध्मा म् 933 स्मृ म् 948 स्मि म् 961 मे म् 967 मू म् 1062 मा म् 1088 मा म् 1137 मी म् 1142 मा म् 1250 मि म् 1270 दम्भ् म् 1308 तृम्फ् म् 1310 तुम्प् म् 1312 तुम्फ् म् 1314 दृम्फ् म् 1316 ऋम्फ् म् 1318 गुम्फ् म् 1320 उम्भ् म् 1322 शुम्भ् म् 1403 मृ म् 1476 मी म् 1492 मृ म् 1555 सम्ब् म् 1556 शम्ब् म् 1619 चम्प् म् 1620 क्षम्प् म् 1635 चुम्ब् म् 1655 कुम्ब् म् 1656 लुम्ब् म् 1657 तुम्ब् म् 1716 जम्भ् म् 1824 मी म्

य्

905 द्यै य् 908 ध्यै य् 910 स्त्यै य् 911 स्त्यै य् 955 च्यु य् 956 ज्यु य् 963 श्यै य् 964 प्यै य् 1007 व्ये य् 1033 यु य् 1040 द्यु य् 1049 या य् 1060 ख्या य् 1479 यु य् 1499 ज्या य् 1710 यु य् 1746 च्यु य्

र्

3 स्पर्ध् र् 19 स्वर्द् र् 20 उर्द् र् 21 कुर्द् र् 22 खुर्द् र् 23 गुर्द् र् 29 पर्द् र् 55 अर्द् र् 56 नर्द् र् 57 गर्द् र् 58 तर्द् र् 59 कर्द् र् 60 खर्द् र् 162 वर्च् र् 204 अर्च् र् 211 हुर्छ् र् 212 मुर्छ् र् 213 स्फुर्छ् र् 224 अर्ज् र् 225 सर्ज् र् 226 गर्ज् र् 227 तर्ज् र् 228 कर्ज् र् 229 खर्ज् र् 235 स्फूर्ज् र् 412 पर्प् र् 415 अर्ब् र् 416 पर्ब् र् 417 लर्ब् र् 418 बर्ब् र् 419 मर्ब् र् 420 कर्ब् र् 421 खर्ब् र् 422 गर्ब् र् 423 शर्ब् र् 424 सर्ब् र् 425 चर्ब् र् 438 घूर्ण् र् 514 हर्य् र् 569 उर्व् र् 570 तुर्व् र् 571 थुर्व् र् 572 दुर्व् र् 573 धुर्व् र् 574 गुर्व् र् 575 मुर्व् र् 576 पुर्व् र् 577 पर्व् र् 578 मर्व् र् 579 चर्व् र् 580 भर्व् र् 581 कर्व् र् 582 खर्व् र् 583 गर्व् र् 584 अर्व् र् 585 शर्व् र् 586 सर्व् र् 613 वर्ष् र् 636 गर्ह् र् 638 बर्ह् र् 640 वर्ह् र् 716 जर्ज् र् 717 चर्च् र् 718 झर्झ् र् 740 अर्ह् र् 810 श्रा र् 897 श्रि र् 906 द्रै र् 907 ध्रै र् 909 रै र् 919 श्रै र् 926 घ्रा र् 940 स्रु र् 942 श्रु र् 943 ध्रु र् 945 द्रु र् 947 ज्रि र् 957 प्रु र् 959 रु र् 965 त्रै र् 1034 रु र् 1044 ब्रू र् 1053 श्रा र् 1054 द्रा र् 1057 रा र् 1061 प्रा र् 1073 दरिद्रा र् 1085 ह्री र् 1138 री र् 1140 व्री र् 1144 प्री र् 1275 रि र् 1277 चिरि र् 1278 जिरि र् 1298 जर्ज् र् 1299 चर्च् र् 1300 झर्झ् र् 1339 घूर्ण् र् 1400 ध्रु र् 1404 रि र् 1473 क्री र् 1474 प्री र् 1475 श्री र् 1481 द्रू र् 1500 री र् 1504 व्री र् 1505 भ्री र् 1549 ऊर्ज् र् 1551 वर्ण् र् 1552 चूर्ण् र् 1589 छर्द् र् 1612 शूर्प् र् 1622 श्वर्त् र् 1641 चूर्ण् र् 1643 अर्क् र् 1648 मार्ज् र् 1649 मर्च् र् 1654 वर्ध् र् 1664 बर्ह् र् 1665 गुर्द् र् 1681 तर्ज् र् 1712 चर्च् र् 1725 अर्ज् र् 1731 अर्ह् र् 1769 बर्ह् र् 1780 तर्क् र् 1808 अर्च् र् 1815 ज्रि र् 1828

अर्द् र् 1830 अर्ह् र् 1836 प्री र् 1845 गर्ह् र् 1846 मार्ग् र् 1905 अर्थ् र् 1907 गर्व् र् 1938 वर्ण् र् 1939 पर्ण् र्

ल्

143 वल्ग् ल् 390 शल्भ् ल् 391 वल्भ् ल् 392 गल्भ् ल् 398 जल्प् ल् 492 वल्ल् ल् 494 मल्ल् ल् 496 भल्ल् ल् 498 कल्ल् ल् 531 चुल्ल् ल् 532 फुल्ल् ल् 533 चिल्ल् ल् 540 वेल्ल् ल् 550 श्वल्ल् ल् 637 गल्ह् ल् 639 बल्ह् ल् 641 वल्ह् ल् 903 ग्लै ल् 904 म्लै ल् 958 प्लु ल् 1058 ला ल् 1139 ली ल् 1483 लू ल् 1501 ली ल् 1502 व्ली ल् 1503 प्ली ल् 1570 श्वल्क् ल् 1571 वल्क् ल् 1611 शुल्ब् ल् 1618 शुल्क् ल् 1770 बल्ह् ल् 1811 ली ल्

व्

508 मव्य् व् 921 वै व् 931 ह्वृ व् 932 स्वृ व् 934 ह्वृ व् 939 ध्वृ व् 1006 वे व् 1008 ह्वे व् 1010 श्वि व् 1048 वी व् 1050 वा व् 1077 वेवी व् 1254 वृ व् 1486 वॄ व् 1490 वॄ व् 1509 वृ व् 1813 वृ व्

श्

918 शै श् 1032 शी श् 1145 शो श् 1249 शि श् 1292 व्रश्च् श् 1488 शॄ श् 1921 मिश्र् श्

ष्

100 ष्वष्क् ष् 236 क्षि ष् 255 वेष्ट् ष् 256 चेष्ट् ष् 257 गोष्ट् ष् 258 लोष्ट् ष् 509 सूर्क्ष्य् ष् 510 ईर्क्ष्य् ष् 511 ईर्ष्य् ष् 913 क्षै ष् 1036 क्षु ष् 1122 पुष्प् ष् 1276 क्षि ष् 1407 क्षि ष् 1506 क्षी ष् 1685 विष्क् ष् 1686 निष्क् ष् 1916 बष्क् ष् 1940 विष्क् ष् 101

स्

वस्क् स् 102 मस्क् स् 202 सस्ज् स् 915 सै स् 935 सृ स् 941 सु स् 1031 सू स् 1041 सु स् 1055 प्सा स् 1079 संस्त् स् 1099 सृ स् 1132 सू स् 1147 सो स् 1247 सु स् 1248 सि स् 1284 भ्रस्ज् स् 1291 लस्ज् स् 1408 सू स् 1415 मस्ज् स् 1477 सि स् 1590 पुस्त् स् 1591 बुस्त् स् 1631 मुस्त् स् 1683 बस्त् स् 1711 कुस्म् स्

ह्

899 हृ ह् 1083 हु ह् 1089 हा ह् 1090 हा ह् 1097 हृ ह् 1257 हि ह्

# Latin Transliteration Chart

International Alphabet of Sanskrit Transliteration (I.A.S.T.)

| | | | | | | | | | |
|---|---|---|---|---|---|---|---|---|---|
| a | ā | i | ī | u | ū | ṛ | ṝ | ḷ | |
| अ | आ | इ | ई | उ | ऊ | ऋ | ॠ | ऌ | |
| | | | | | | ◌ृ | ◌ॄ | ◌ॢ | |
| e | ai | o | au | ṃ | m̐ | ḥ | Ardha Visarga | oṃ | |
| ए | ऐ | ओ | औ | ◌ं | ◌ँ | ◌ः | ◌ᳲ | ॐ | |
| Consonants are shown with a vowel 'a = अ' for uttering | | | | | | | | | |
| ka | क | ca | च | ṭa | ट | ta | त | pa | प |
| kha | ख | cha | छ | ṭha | ठ | tha | थ | pha | फ |
| ga | ग | ja | ज | ḍa | ड | da | द | ba | ब |
| gha | घ | jha | झ | ḍha | ढ | dha | ध | bha | भ |
| ṅa | ङ | ña | ञ | ṇa | ण | na | न | ma | म |
| | | | | | | | | | |
| ya | ra | la | va | | ḷa | ' | | | |
| य | र | ल | व | | ळ | ऽ | | | |
| | | | | | Consonant only | | | | |
| śa | ṣa | sa | ha | | ka | क्अ = क | | | |
| श | ष | स | ह | | k | क् | | | |

# Alphabetical Index of Dhatus

- Indexed on original Dhatu as in Dhatupatha.
- Contains 1943 Dhatus along with Tag letters.
- Shows Dhatu Serial Number which is unique and easily referenced in standard Dhatupathas.
- Easily locate dhatus that begin with a tag letter e.g. ubundir 876, ñiindhī 1448, ṭuośvi 1010, etc.
- Dhatus with ṇo naḥ natvam are under ṇa , e.g. ṇakṣa 662, ṇakha 134
- Dhatus with ṣaḥ saḥ satvam are under ṣa , e.g. ṣage 789, ṣagha 1268
- idit Dhatus e.g. aki 87, aji 1785 , aṭhi 261
- Dhatus that have a penultimate nakāra are listed with the nakāra changed to the corresponding row class nasal, e.g. añcu 188, tumpa 1311

Out of 1943 Roots, there are some 662 Dhatus that are commonly found in literature. These have been **highlighted** to aid one's study.

| | | | | | |
|---|---|---|---|---|---|
| aṃsa 1918 | **ano rudha 1174** | ahi 635 | **īḍa 1019** | ubja 1303 | eṭha 267 |
| aka 792 | andha 1925 | ahi 1797 | īḍa 1667 | ubha 1319 | **edha 2** |
| **aki 87** | abi 378 | **āṅaḥ kranda 1727** | **īra 1018** | umbha 1320 | eṣṛ 618 |
| **akṣū 654** | abhra 556 | **āṅaḥ śasi 629** | **īra 1810** | **urda 20** | okhṛ 121 |
| aga 793 | ama 465 | **āṅaḥ śāsu 1022** | īrkṣya 510 | urvī 569 | **oṇṛ 454** |
| **agi 146** | ama 1720 | āṅaḥ ṣada 1831 | **īrṣya 511** | **uṣa 696** | opyāyī 488 |
| aghi 109 | **aya 474** | āchi 209 | **īśa 1020** | uhir 739 | olajī 1290 |
| **aṅka 1927** | arka 1643 | **āpḷ 1260** | īśucir 1165 | ūna 1888 | olaḍi 1542 |
| aṅga 1928 | **arca 204** | āpḷ 1839 | **īṣa 611** | **ūyī 483** | **olasjī 1291** |
| **aja 230** | arca 1808 | **āsa 1021** | **īṣa 684** | **ūrja 1549** | **ovijī 1289** |
| aji 1785 | **arja 224** | **ik 1047** | **īha 632** | **ūrṇuñ 1039** | **ovijī 1460** |
| **añcu 188** | arja 1725 | ikha 140 | **ukṣa 657** | ūṣa 683 | ovai 921 |
| **añcu 862** | **artha 1905** | ikhi 141 | **ukha 128** | **ūha 648** | **ovraścū 1292** |
| añcu 1738 | **arda 55** | **igi 153** | **ukhi 129** | **ṛ 936** | **ohāk 1090** |
| **añjū 1458** | arda 1828 | **iṅ 1046** | uṅ 953 | ṛ 1098 | **ohāṅ 1089** |
| **aṭa 295** | arba 415 | **iṭa 318** | uca 1223 | **ṛca 1302** | kaka 90 |
| aṭṭa 254 | arva 584 | **iṇ 1045** | **uchi 215** | **ṛcha 1296** | kaki 94 |
| aṭṭa 1561 | **arha 740** | **idi 63** | uchi 1294 | **ṛja 176** | kakha 120 |
| aṭhi 261 | **arha 1731** | ila 1357 | uchī 216 | ṛji 177 | kakhe 784 |
| aḍa 358 | arha 1830 | ila 1660 | uchī 1295 | ṛṇu 1467 | kage 791 |
| aḍḍa 348 | **ala 515** | **ivi 587** | uchṛdir 1445 | **ṛdhu 1245** | kaca 168 |
| aṇa 444 | **ava 600** | **iṣa 1127** | **ujjha 1304** | **ṛdhu 1271** | kaci 169 |
| **aṇa 1175** | **aśa 1523** | **iṣa 1351** | uṭha 338 | ṛpha 1315 | kaṭī 320 |
| **ata 38** | **aśū 1264** | iṣa 1525 | utṛdir 1446 | ṛmpha 1316 | kaṭe 294 |
| **ati 61** | asa 886 | **īkṣa 610** | udhrasa 1524 | ṛṣī 1287 | kaṭha 333 |
| **ada 1011** | **asa 1065** | īkhi 142 | udhrasa 1742 | ṝ 1497 | kaṭhi 264 |
| adi 62 | **asu 1209** | **īṅ 1143** | **undī 1457** | **ejṛ 179** | kaṭhi 1847 |
| **ana 1070** | aha 1272 | īja 182 | ubundir 876 | **ejṛ 234** | kaḍa 360 |

| | | | | | |
|---|---|---|---|---|---|
| kaḍa 1380 | kāci 170 | kuṇa 1335 | kṛḍa 1382 | **krīḍṛ 350** | **kṣiṇu 1466** |
| kaḍi 282 | **kāśṛ 647** | kuṇa 1893 | **kṛtī 1435** | kruñca 186 | **kṣipa 1121** |
| kaḍi 1582 | **kāśṛ 1162** | **kutsa 1697** | kṛtī 1447 | kruḍa 1394 | **kṣipa 1285** |
| kaḍḍa 349 | kāsṛ 623 | kutha 1118 | kṛpa 1748 | **krudha 1189** | kṣipa 1941 |
| kaṇa 449 | ki 1101 | **kuthi 43** | kṛpa 1869 | **kruśa 856** | kṣīja 237 |
| kaṇa 794 | kiṭa 301 | kudri 1539 | **kṛpū 762** | klatha 802 | **kṣībṛ 382** |
| kaṇa 1715 | kiṭa 319 | kuntha1514 | kṛvi 598 | kladi 72 | kṣīvu 567 |
| **kattha 37** | **kita 993** | **kupa 1233** | **kṛśa 1227** | kladi 774 | kṣīṣ 1506 |
| katra1915 | kila 1353 | kupa 1779 | **kṛṣa 990** | **klamu 1207** | **kṣudir 1443** |
| **katha 1851** | kīṭa 1640 | kubi 426 | **kṛṣa 1286** | **klidi 15** | **kṣudha 1190** |
| kadi 70 | kīla 524 | kubi 1655 | **kṝ 1409** | **klidi 73** | **kṣubha 751** |
| kadi 772 | **ku 1042** | kumāra 1877 | **kṝ 1496** | **klidū 1242** | **kṣubha 1239** |
| **kanī 460** | kuka 91 | kura 1341 | **kṝñ 1485** | **kliśa 1161** | kṣubha 1519 |
| **kapi 375** | kuṅ 951 | **kurda 21** | **kṝta 1653** | **kliśū 1522** | kṣura 1344 |
| kabṛ 380 | kuṅ 1401 | kula 842 | keta 1895 | **klībṛ 381** | kṣevu 568 |
| **kamu 443** | kuca 184 | kuśi 1765 | kepṛ 368 | kleśa 607 | kṣai 913 |
| karja 228 | kuca 857 | kuṣa 1518 | kelṛ 537 | **kvaṇa 450** | kṣoṭa 1875 |
| **karda 59** | kuca1368 | **kusa 1218** | **kai 916** | kvathe 846 | **kṣṇu 1037** |
| karba 420 | kuju 199 | kusi 1763 | knatha800 | kṣaji 769 | kṣmāyī 486 |
| karva 581 | **kuñca 185** | kusma 1711 | knasu 1113 | kṣaṇu 1465 | kṣmīla 520 |
| **kala 497** | kuṭa 1366 | kuha 1901 | knūñ 1480 | kṣapi 1620 | kṣvelṛ 539 |
| kala 1604 | **kuṭṭa 1558** | **kūja 223** | knūyī 485 | **kṣamū 1206** | khaca 1531 |
| kala 1865 | kuṭṭa1702 | kūṭa 1701 | kmara 555 | **kṣamūṣ 442** | khaja 232 |
| kalla 498 | **kuṭhi 342** | kūṭa 1890 | kratha801 | **kṣara 851** | **khaji 233** |
| kaṣa 685 | kuḍa1383 | kūṇa 1688 | **kradi 71** | **kṣala 1597** | khaṭa 309 |
| kasa 860 | kuḍi 270 | kūṇa 1896 | kradi 773 | **kṣi 236** | khaṭṭa1632 |
| kasi 1024 | kuḍi 322 | kūla 525 | krapa 771 | kṣi 1276 | khaḍa 1580 |
| **kākṣi 667** | kuḍi 1583 | **kṛñ 1253** | **kramu473** | **kṣi 1407** | khaḍi 283 |

| | | | | | |
|---|---|---|---|---|---|
| khaḍi 1581 | gaḍi 65 | guḍi 1584 | gevṛ 502 | ghaṭṭa 1630 | **cakṣiṅ 1017** |
| khada 50 | gaḍi 361 | guṇa 1894 | geṣṛ 614 | **ghasḷ 715** | cañcu 190 |
| **khanu 878** | **gaṇa 1853** | guda 24 | **gai 917** | ghiṇi 434 | caṭa 1721 |
| kharja 229 | **gada 52** | gudha 1120 | goma 1876 | ghuṅ 952 | **caḍi 278** |
| kharda 60 | gadī 1860 | gudha 1517 | goṣṭa 257 | **ghuṭa 746** | caṇa 796 |
| kharba 421 | gandha 1684 | **gupa 970** | grathi 36 | ghuṭa 1385 | cate 865 |
| kharva 582 | **gamḷ 982** | gupa 1234 | **grantha 1513** | ghuṇa 437 | **cadi 68** |
| khala 545 | **garja 226** | gupa 1771 | grantha 1825 | ghuṇa 1338 | cade 866 |
| khaṣa 686 | **garda 57** | **gupū 395** | grantha 1838 | ghuṇi 435 | capa 399 |
| **khādṛ 49** | garba 422 | gupha 1317 | grasa 1749 | ghura 1345 | capi 1619 |
| khiṭa 302 | garva 583 | **gumpha 1318** | **grasu 630** | ghuṣi 652 | **camu 469** |
| **khida 1170** | **garva 1907** | gurī 1396 | **graha 1533** | **ghuṣir 653** | camu 1274 |
| **khida 1436** | **garha 636** | gurda 23 | grāma 1892 | ghuṣir 1726 | caya 478 |
| **khida 1449** | **garha 1845** | gurda 1665 | grucu 197 | ghūrī 1155 | cara 559 |
| khuju 200 | gala 546 | gurvī 574 | glasu 631 | **ghūrṇa 438** | **cara 1745** |
| khuḍi 1585 | gala 1699 | **guhū 896** | glaha 651 | **ghūrṇa 1339** | carkarītaṃ 1081 |
| khura 1342 | galbha 392 | gūra 1694 | glucu 198 | **ghṛ 938** | carca 717 |
| khurda 22 | galha 637 | gūrī 1154 | gluñcu 201 | ghṛ 1096 | carca 1299 |
| kheṭa 1874 | **gaveṣa 1883** | gṛ 937 | glepṛ 366 | **ghṛ 1650** | **carca 1712** |
| **khelṛ 538** | gā 1106 | gṛ 1707 | glepṛ 370 | ghṛṇi 436 | carba 425 |
| khai 912 | **gāṅ 950** | gṛja 248 | glevṛ 503 | ghṛṇu 1469 | **carva 579** |
| khorṛ 552 | **gādhṛ 4** | gṛji 249 | **glai 903** | **ghṛṣu 708** | **cala 832** |
| kholṛ 551 | **gāhū 649** | **gṛdhu 1246** | ghagha 159 | **ghrā 926** | cala 1356 |
| **khyā 1060** | **gu 1399** | gṛha 1899 | **ghaṭa 763** | ṅuṅ 954 | cala 1608 |
| gaja 246 | guṅ 949 | **gṛhū 650** | ghaṭa 1723 | **caka 93** | caliḥ 812 |
| gaja 1647 | guja 1369 | **gṝ 1410** | ghaṭa 1766 | **caka 783** | caṣa 889 |
| gaji 247 | **guji 203** | **gṝ 1498** | ghaṭi 1767 | **cakāsṛ 1074** | caha 729 |
| gaḍa 777 | guḍa 1370 | gepṛ 369 | **ghaṭṭa 259** | cakka 1595 | caha 1626 |

caha 1866
cāyṛ 880
ci 1794
**ciñ 1251**
ciñ 1629
**ciṭa 315**
cita 1673
**citi 1535**
**citī 39**
citra 1917
ciri 1277
cila 1355
cilla 533
cīka 1827
cībhṛ 384
cīva 1774
cīvṛ 879
cukka 1596
cuṭa 1377
cuṭa 1613
cuṭi 1659
cuṭṭa 1560
cuḍa 1392
cuḍi 325
cuḍḍa 347
cuda 1592
cupa 403
**cubi 429**
cubi 1635
**cura 1534**
cula 1602
culla 531
cūrī 1158
cūrṇa1552
cūrṇa1641
**cūṣa 673**
cṛtī 1324
celṛ 536
**ceṣṭa 256**
cyu 1746
cyuṅ 955
**cyutir 40**
chaji1621
chada1833
chada1935
chadi 1577
chadiḥ 813
chamu 470
**charda 1589**
chaṣa 890
**chidir 1440**
chidra 1924
chuṭa1378
chupa 1418
chura1372
chṛdī 1820
cheda 1934
cho 1146
**jakṣa 1071**
jaja 242
jaji 243
jaṭa 305
jana 1105
**janī 1149**
**japa 397**
jabhi 1716
jabhī 388
jamu 471
jarja 716
jarja 1298
**jala 833**
jala 1543
**jalpa 398**
jaṣa 688
jasi 1666
jasu 1211
jasu 1668
jasu 1718
**jāgṛ 1072**
**ji 561**
ji 946
ji 1793
jiri 1278
jivi 594
jiṣu 697
**jīva 562**
jugi 157
juḍa 1326
juḍa 1379
juḍa 1646
jutṛ 32
juṣa 1834
**juṣī 1288**
jūrī 1156
jūṣa 681
**jṛbhi 389**
**jṝ 1494**
jṝ 1814
**jṝṣ 1130**
jeṣṛ 616
jehṛ 644
jai 914
jñapa 1624
jñā 811
**jñā 1507**
jñā 1732
**jyā 1499**
jyuṅ 956
jri 947
jri 1815
**jvara 776**
jvala 804
**jvala 831**
jhaṭa 306
jhamu 472
jharjha 718
jharjha 1300
jhaṣa 689
jhaṣa 891
jhṝṣ 1131
**ñiindhī 1448**
ñikṣvidā 1244
**ñitṛṣā 1228**
ñitvarā 775
**ñidhṛṣā 1269**
ñiphalā 516
**ñibhī 1084**
ñimidā 743
ñimidā 1243
**ñiṣvapa 1068**
**ñiṣvidā 744**
ñiṣvidā 978
ṭaki 1638
ṭala 834
ṭikṛ 103
ṭīkṛ 104
**ṭuośvi 1010**
ṭuosphūrjā 235
ṭukṣu 1036
**ṭudu 1256**
**ṭunadi 67**
**ṭubhrājṛ 823**
ṭubhrāśṛ 824
ṭubhlāśṛ 825
**ṭumasjo 1415**
**ṭuyācṛ 863**
**ṭuvama 849**
**ṭuvepṛ 367**
ṭvala 835
ḍapa 1676
ḍipa 1232
ḍipa 1371
ḍipa 1671
ḍipa 1677
**ḍīṅ 968**
**ḍīṅ 1135**
**ḍukṛñ 1472**
**ḍukrīñ 1473**
**ḍudāñ 1091**
**ḍudhāñ 1092**
**ḍupacaṣ 996**
**ḍubhṛñ1087**
**ḍumiñ 1250**
**ḍulabhaṣ 975**
**ḍuvap 1003**
ḍhaukṛ 98
ṇakṣa 662
ṇakha 134

ṇakhi 135
**ṇaṭa 310**
ṇaṭa 781
**ṇada 54**
ṇada 1778
ṇabha 752
ṇabha1240
ṇabha1520
**ṇama 981**
ṇaya 480
ṇala 838
**ṇaśa 1194**
ṇasa 627
**ṇaha 1166**
**ṇāsṛ 625**
ṇikṣa 659
ṇiji 1026
**ṇijir 1093**
**ṇidi 66**
ṇidṛ 871
ṇila 1360
ṇivi 590
ṇiśa 722
ṇisi 1025
**ṇīñ 901**
ṇīla 522
ṇīva 566
**ṇu 1035**
**ṇuda 1282**
**ṇuda1426**
**ṇū 1397**
ṇedṛ 872
ṇeṣṛ 617
taka 117
**taki 118**
**takṣa 665**
takṣū 655
tagi 149
tañcu 191
tañcū 1459
taṭa 308
**taḍa 1579**
taḍa 1801
**taḍi 280**
**tatri 1678**
**tanu 1463**
tanu 1840
**tapa 985**
**tapa 1159**
tapa 1818
**tamu1202**
taya 479
tarka1780
**tarja 227**
**tarja1681**
tarda 58
tala 1598
tasi 1729
tasu 1212
**tāyṛ 489**
tika 1266
tikṛ 105
tiga 1267
tija 971
tija 1652
**tipṛ 362**
tima 1123
tila 534
tila 1354
tila 1607
tīkṛ 106
tīra 1912
tīva 565
tuja 244
tuji 245
tuji 1566
tuji 1755
tuṭa 1376
tuḍa 1386
tuḍi 276
tuḍṛ 351
tuṇa 1332
tuttha 1943
**tuda 1281**
tupa 404
tupa 1309
tupha 408
tupha 1311
tubi 428
tubi 1657
tubha 753
tubha 1241
tubha 1521
tumpa 405
tumpa1310
tumpha 409
tumpha 1312
tura 1102
turvī 570
**tula 1599**
**tuṣa 1184**
tusa 710
tuhir 737
tūṇa 1689
tūrī 1152
tūla 527
tūṣa 674
tṛkṣa 660
tṛṇu 1468
tṛnhū 1350
**tṛpa 1195**
**tṛpa 1307**
**tṛpa 1819**
tṛmpha 1308
**tṛha 1455**
tṛhū 1348
**tṝ 969**
teja 231
tepṛ 363
tevṛ 499
**tyaja 986**
traki 97
trakṣa 660
tradi 69
**trapūṣ 374**
trasa 1741
trasi 1761
**trasī 1117**
**truṭa 1375**
**truṭa 1698**
trupa 406
trupha 410
trumpa 407
trumpha 411
**traiṅ 965**
traukṛ 99
tvakṣū 656
tvagi 150
tvaca 1301
tvañcu 192
tviṣa 1001
tsara 554
thuḍa 1387
thurvī 571
**daṃśa 989**
**dakṣa 608**
dakṣa 770
dagha 1273
**daṇḍa 1926**
**dada 17**
**dadha 8**
**damu 1203**
dambhu 1270
**daya 481**
**daridrā 1073**
**dala 548**
dala 1751
daśi 1674
daśi 1764
dasi 1675
dasi 1786
dasu 1213
**daha 991**
**dāṇ 930**
dāna 994
dāp 1059
dāśa 1279
**dāśṛ 882**
dāsṛ 894

divi 592
**divu 1107**
divu 1706
divu 1724
**diśa 1283**
**diha 1015**
**dīkṣa 609**
dīṅ 1134
dīdhīṅ 1076
**dīpī 1150**
du 944
duḥkha 1930
durvī 572
**dula 1600**
**duṣa 1185**
**duha 1014**
duhir 738
**dūṅ 1133**
dṛ 1280
**dṛṅ 1411**
**dṛpa 1196**
dṛpa 1313
dṛbha1822
dṛbhī 1323
dṛbhī 1821
dṛmpha 1314
**dṛśir 988**
dṛha 733
dṛhi 734
dṝ 808
**dṝ 1493**
deṅ 962
**devṛ 500**
daip 924
**do 1148**
**dyu 1040**
**dyuta 741**
dyai 905
drama466
**drā 1054**
drākṣi 670
drākhṛ 124
drāghṛ 114
drāḍṛ 287
drāhṛ 646
**dru 945**
druṇa1337
**druha1197**
drūñ 1481
drekṛ 78
drai 906
**dviṣa 1013**
dhakka 1594
dhana 1104
dhavi 597
**dhāvu 601**
dhi 1406
dhikṣa 603
**dhivi 593**
dhiṣa 1103
dhīṅ 1136
dhukṣa 602
dhuñ 1255
dhurvī 573
**dhū 1398**
**dhūñ 1487**
dhūñ 1835
**dhūpa 396**
dhūpa 1772
dhūrī 1153
dhūsa 1639
dhṛṅ 960
**dhṛṅ 1412**
dhṛja 219
dhṛji 220
**dhṛñ 900**
**dhṛṣa 1850**
dheka 1914
**dheṭ 902**
dhorṛ 553
**dhmā 927**
**dhyai 908**
dhraja 217
dhraji 218
dhraṇa 459
dhrākṣi 671
dhrākhṛ 125
dhrāḍṛ 288
dhru 943
dhru 1400
dhrekṛ 79
dhrai 907
**dhvaṃsu 755**
dhvaja 221
dhvaji 222
dhvaṇa 453
**dhvana 816**
dhvana 828
dhvana 1889
**dhvākṣi 672**
dhvṛ 939
nakka1593
naṭa 1545
naṭa 1791
**narda 56**
nala 1802
**nāthṛ 6**
nādhṛ 7
nivāsa 1885
niṣka 1686
**nṛtī 1116**
nṝ 809
nṝ 1495
pakṣa 1550
**paci 174**
paci 1651
paṭa 296
paṭa 1752
paṭa 1856
**paṭha 330**
paḍi 281
paḍi 1615
**paṇa 439**
pata 1861
**patḷ 845**
pathi 1575
pathe 847
**pada 1169**
pada 1898
pana 440
paya 476
parṇa 1939
**parda 29**
parpa 412
parba 416
**parva 577**
pala 839
palpūla 1881
paśa 1719
paṣa 1862
pasi 1616
**pā 925**
**pā 1056**
pāra 1911
**pāla 1609**
pi 1405
picha 1576
piji 1028
piji 1567
piji 1757
piṭa 311
piṭha 339
**piḍi 274**
piḍi 1669
pivi 588
piśa 1437
**piṣḷ 1452**
pisa 1568
pisi 1762
pisṛ 719
pīṅ 1141
**pīḍa 1544**
pīla 521
**pīva 563**
puṃsa 1637
puṭa 1367
puṭa 1753
puṭa 1913

puṭi 1792
puṭṭa1559
puḍa1384
puṇa1333
putha1119
putha 1775
**puthi 44**
pura 1346
purva 576
pula 841
pula 1601
puṣa 700
**puṣa 1182**
**puṣa 1529**
puṣa 1750
puṣpa1122
pusta 1590
**pūṅ 966**
**pūja 1642**
**pūñ 1482**
**pūyī 484**
**pūrī 1151**
pūrī 1803
pūla 528
pūla 1636
pūṣa 675
**pṛ 1258**
pṛṅ 1402
pṛca 1807
pṛcī 1030
**pṛcī 1462**
pṛḍa1328
pṛṇa1329
pṛtha 1554
pṛṣu 705
**pṝ 1086**
**pṝ 1489**
**pṝ 1548**
pelṛ 541
pevṛ 504
peṣṛ 615
pesṛ 720
pai 920
paiṇṛ 458
pyaiṅ 964
**pracha 1413**
**pratha765**
pratha 1553
prasa 766
prā 1061
**prīṅ 1144**
**prīñ 1474**
prīñ 1836
pruṅ 957
pruḍa 324
pruṣa 1527
pruṣu 703
preṣṛ 619
prothṛ 867
pliha 642
plī 1503
pluṅ 958
**pluṣa 1115**
pluṣa 1216
pluṣa 1528
pluṣu 704
psā 1055
**phakka 116**
phaṇa 821
**phala 530**
**phulla 532**
pheḷ 542
bada 51
**badha 973**
badha 1547
**bandha 1508**
barba 418
barha 638
barha 1664
barha 1769
**bala 840**
bala 1628
balha 639
balha 1770
baṣka1916
basta1683
bahi 633
bāḍṛ 286
bādhṛ 5
biṭa 317
bidi 64
bila 1359
bila 1606
bisa 1217
**bukka 119**
bukka1713
bugi 158
**budha 858**
**budha 1172**
**budhir 875**
busa 1219
busta 1591
bṛha 735
**bṛhi 736**
bṛhi 1768
**brūñ 1044**
brūsa1663
**bhakṣa 1557**
**bhaja 998**
bhaja1733
bhaji 1759
**bhañjo 1453**
bhaṭa 307
bhaṭa 780
bhaḍi 273
bhaḍi 1588
**bhaṇa 447**
**bhadi 12**
bhartsa 1682
bharva 580
bhala 495
bhala 1700
bhalla 496
bhaṣa 695
bhasa 1100
**bhā 1051**
**bhāja 1886**
**bhāma 441**
bhāma 1872
**bhāṣa 612**
**bhāsṛ 624**
**bhikṣa 606**
**bhidir 1439**
**bhuja 1454**
bhujo 1417
**bhū 1**
bhū 1747
**bhū 1844**
**bhūṣa 682**
bhūṣa 1730
**bhṛjī 178**
**bhṛñ 898**
bhṛḍa 1395
bhṛśi 1787
bhṛśu 1224
bhṝ 1491
bheṣṛ 883
bhyasa 628
**bhraṃśu 1225**
bhraṃsu 756
bhrakṣa 892
bhraṇa 452
**bhramu 850**
**bhramu 1205**
**bhrasja 1284**
**bhrājṛ 181**
bhrī 1505
bhrūṇa 1690
bhrejṛ 180
bhreṣṛ 884
bhlakṣa 893
bhleṣṛ 885
maki 89
makha 132
makhi 133
magi 148
maghi 111
maghi 160

maca 171
maci 173
maṭha 332
maṭhi 263
maḍi 272
maḍi 321
**maḍi 1587**
maṇa 448
**matri 1679**
mathi 46
mathe 848
mada 1705
**madi 13**
madī 815
**madī 1208**
**mana 1176**
**manu 1471**
**mantha 42**
**mantha 1511**
mabhra 558
maya 477
marca 1649
marba 419
marva 578
mala 493
malla 494
mava 599
mavya 508
maśa 724
maṣa 692
masī 1221
maska 102
**maha 730**
maha 1867
**mahi 634**
mahi 1799
**mā 1062**
mākṣi 669
**māṅ 1088**
māṅ 1142
**māna 972**
māna 1709
**māna 1843**
mārga 1618
mārga 1846
mārja 1648
māhṛ 895
micha 1297
miji 1756
midi 1541
midṛ 868
mila 1364
**mila 1429**
mivi 589
miśa 723
**miśra 1921**
**miṣa 1352**
miṣu 699
**miha 992**
mī 1824
mīṅ 1137
**mīñ 1476**
mīmṛ 468
**mīla 517**
mīva 564
muca 1743
muci 172
**mucḷ 1430**
muja 250
muji 251
muṭa 1374
muṭa 1614
muṭhi 265
muḍa 323
muḍi 275
**muḍi 326**
muṇa 1334
**muda 16**
muda 1740
mura 1343
**murchā 212**
murvī 575
**muṣa 1530**
musa 1220
musta 1631
**muha 1198**
mūṅ 967
mūtra 1909
**mūla 529**
**mūla 1603**
mūṣa 676
mṛkṣa 664
**mṛga 1900**
**mṛṅ 1403**
**mṛjū 1066**
mṛjū 1848
**mṛḍa 1327**
mṛḍa 1516
mṛṇa 1331
**mṛda 1515**
mṛdhu 874
**mṛśa 1425**
**mṛṣa 1164**
mṛṣa 1849
mṛṣu 707
mṝ 1492
meṅ 961
medṛ 869
**medhṛ 870**
mepṛ 371
mevṛ 505
**mnā 929**
mrakṣa 1661
mrada 767
mrucu 195
mruñcu 193
mreḍṛ 293
mlucu 196
mluñcu 194
mlecha 205
mlecha 1662
mleṭṛ 292
mlevṛ 506
**mlai 904**
yakṣa 1692
**yaja 1002**
yata 1735
yatī 30
**yatri 1536**
yabha 980
**yama 984**
yama 1625
yamo 819
**yasu 1210**
**yā 1049**
**yu 1033**
yu 1710
yugi 156
yucha 214
**yuja 1177**
yuja 1806
**yujir 1444**
**yuñ 1479**
yutṛ 31
**yudha 1173**
yupa 1235
yūṣa 680
yauṭṛ 291
raka 1736
**rakṣa 658**
rakha 136
rakhi 137
ragi 144
rage 785
raghi 107
raghi 1795
**raca 1864**
**rañja 999**
**rañja 1167**
**raṭa 297**
raṭa 334
raṇa 445
raṇa 795
**rada 53**
radha 1193
rapa 401
rapha 413
raphi 414
rabi 376

**rabha 974**
**ramu 853**
raya 482
ravi 596
rasa 713
**rasa 1931**
**raha 731**
raha 1627
raha 1858
rahi 732
rahi 1798
**rā 1057**
rākhṛ 122
rāghṛ 112
**rājṛ 822**
rādha 1180
**rādha 1262**
rāsṛ 626
ri 1275
ri 1404
rigi 154
**rica 1816**
**ricir 1441**
ripha 1306
rivi 595
riśa 1420
riṣa 694
riṣa 1231
rī 1500
rīṅ 1138
**ru 1034**
ruṅ 959
**ruca 745**
ruja 1804
rujo 1416
ruṭa 747
ruṭa 1783
ruṭi 327
ruṭha 336
ruṭhi 345
**rudir 1067**
**rudhir 1438**
rupa 1236
ruśa 1419
ruśi 1788
ruṣa 693
**ruṣa 1230**
ruṣa 1670
rusi 1790
**ruha 859**
rūkṣa 1910
**rūpa 1933**
rūṣa 678
rekṛ 80
reṭṛ 864
repṛ 372
rebhṛ 385
revṛ 507
reṣṛ 620
rai 909
roḍṛ 356
rauḍṛ 355
**lakṣa 1538**
lakṣa 1696
lakha 138
lakhi 139
laga 1737
lagi 145
**lage 786**
**laghi 108**
laghi 1760
laghi 1796
lacha 206
laja 238
laja 1920
laji 239
laji 1784
laṭa 298
laḍa 359
laḍa 1540
laḍi 1800
laḍiḥ 814
**lapa 402**
labi 377
labi 379
larba 417
lala 1687
laṣa 888
lasa 714
lasa 1728
**lā 1058**
lākhṛ 123
**lāghṛ 113**
lāchi 207
lāja 240
lāji 241
lābha 1936
**likha 1365**
ligi 155
ligi 1739
**lipa 1433**
liśa 1179
liśa 1421
**liha 1016**
lī 1501
**lī 1811**
**līṅ 1139**
luji 1758
**luñca 187**
**luṭa 314**
luṭa 748
**luṭa 1222**
luṭa 1381
luṭa 1754
luṭi 328
luṭha 337
luṭha 749
**luṭha 1222**
luṭhi 343
luṭhi 346
luṇṭha 1563
luthi 45
lupa 1237
**lupḷ 1431**
lubi 427
lubi 1656
**lubha 1238**
lubha 1305
**lūñ 1483**
lūṣa 677
lūṣa 1610
lepṛ 373
**lokṛ 76**
lokṛ 1776
**locṛ 164**
locṛ 1777
loḍṛ 357
loṣṭa 258
vaki 88
vaki 95
vakṣa 663
vakha 130
vakhi 131
vagi 147
vaghi 110
**vaca 1063**
**vaca 1842**
vaja 252
vañcu 189
**vañcu 1703**
vaṭa 300
vaṭa 779
vaṭa 1857
vaṭa 1919
vaṭi 1586
vaṭha 331
vaṭhi 262
vaḍi 271
vaṇa 446
**vada 1009**
vada 1841
**vadi 11**
vana 462
vana 463
vana 803
**vanu 1470**
vabhra 557
vaya 475
vara 1852

**varca 162**
varṇa 1551
**varṇa 1938**
vardha 1654
varṣa 613
varha 640
**vala 491**
valka1571
valga 143
valbha391
valla 492
valha 641
**vaśa 1080**
vaṣa 691
**vasa 1005**
**vasa 1023**
vasa 1744
vasa 1942
vasu 1214
vaska 101
**vaha 1004**
**vā 1050**
vākṣi 668
**vāchi 208**
vāta 1882
vāśṛ 1163
vāsa 1884
vāhṛ 645
**vicir 1442**
**vicha 1423**
vicha 1773
**vijir 1094**
viṭa 316
vithṛ 33
**vida 1064**
**vida 1171**
**vida 1450**
vida 1708
**vidḷ 1432**
vidha 1325
vila 1358
vila 1605
**viśa 1424**
viṣa 1526
viṣu 698
**viṣḷ 1095**
viṣka1685
viṣka 1940
**vī 1048**
vīra 1903
vṛka 92
vṛkṣa 604
**vṛṅ 1509**
vṛjī 1029
**vṛjī 1461**
**vṛjī 1812**
**vṛñ 1254**
vṛñ 1813
vṛṇa 1330
**vṛtu 758**
vṛtu 1160
vṛtu 1781
**vṛdhu 759**
vṛdhu 1782
vṛśa 1226
vṛṣa 1704
**vṛṣu 706**
vṛhū 1347
**vṝ 1490**
**vṝñ 1486**
**veñ 1006**
veṇṛ 877
vethṛ 34
vela 1880
velṛ 535
vella 540
vevīṅ 1077
**veṣṭa 255**
vehṛ 643
vyaca 1293
**vyatha 764**
**vyadha 1181**
**vyaya 881**
**vyaya 1932**
vyuṣa1114
vyuṣa 1215
**vyeñ 1007**
**vraja 253**
vraja 1617
vraṇa 451
vraṇa1937
**vrī 1504**
vrīṅ 1140
**vrīḍa 1126**
vruḍa1393
vlī 1502
**śaṃsu 728**
**śaka 1187**
**śaki 86**
**śakḷ 1261**
śaca 165
śaṭa 299
śaṭha 340
śaṭha 1564
śaṭha 1691
śaṭha1854
śaḍi 279
śaṇa 797
**śadḷ 855**
śadḷ 1428
**śapa 1000**
śapa 1168
śabda 1714
śama 1695
**śamu 1201**
śamo 818
śamba1556
śarba 423
śarva 585
śala 490
śala 843
śalbha 390
śava 725
śaśa 726
śaṣa 690
śasu 727
**śākhṛ 126**
śāḍṛ 289
śāna 995
**śāsu 1075**
**śikṣa 605**
śighi 161
śiji 1027
śiñ 1249
śiṭa 303
śila 1362
śiṣa 687
śiṣa 1817
**śiṣḷ 1451**
śīka 1789
śīka 1826
śīkṛ 75
**śīṅ 1032**
śībhṛ 383
śīla 523
**śīla 1878**
**śuca 183**
śucya 513
śuṭha 341
śuṭha 1644
śuṭhi 344
śuṭhi 1645
**śudha 1191**
śuna 1336
**śundha 74**
śundha 1832
**śubha 432**
**śubha 750**
śubha 1321
śumbha 433
śumbha 1322
śulka 1618
śulba 1611
**śuṣa 1183**
śūra 1902
śūrī 1157
śūrpa 1612
**śūla 526**

śūṣa 679
śṛdhu 760
śṛdhu 873
śṛdhu 1734
**śṝ 1488**
śelṛ 543
śai 918
**śo 1145**
śoṇṛ 455
śauṭṛ 290
**ścyutir 41**
śmīla 518
śyaiṅ 963
śraki 84
śragi 151
śraṇa 798
**śraṇa 1578**
śratha 799
śratha1546
śratha 1823
śratha 1870
**śrathi 35**
**śrantha 1510**
śrantha 1512
śrantha 1837
**śramu1204**
śrambhu 393
śrā 810
**śrā 1053**
**śriñ 897**
śriṣu 701
**śrīñ 1475**
**śru 942**
**śrai 919**
śroṇṛ 456
ślaki 85
ślagi 152
ślatha 800
ślākhṛ 127
**ślāghṛ 115**
**śliṣa 1186**
śliṣa 1574
śliṣu 702
**ślokṛ 77**
śloṇṛ 457
śvaki 96
śvaca 166
śvaci 167
śvaṭha 1565
śvaṭha 1855
śvabhra 1623
śvarta 1622
śvala 549
śvalka 1570
śvalla 550
**śvasa 1069**
śvitā 742
śvidi 10
ṣage 789
ṣagha 1268
ṣaca 163
ṣaca 997
**ṣañja 987**
ṣaṭa 313
ṣaṭṭa 1633
ṣaṇa 464
**ṣaṇu 1464**
**ṣadḷ 854**
**ṣadḷ 1427**
ṣapa 400
ṣama 829
ṣamba 1555
ṣarja 225
ṣarba 424
ṣarva 586
ṣala 547
ṣasa 1078
ṣasja 202
ṣasti 1079
**ṣaha 852**
ṣaha 1128
ṣaha 1809
**ṣāntva 1569**
**ṣica 1434**
**ṣiñ 1248**
**ṣiñ 1477**
ṣiṭa 304
**ṣidha 47**
**ṣidhu 1192**
**ṣidhū 48**
ṣila 1363
**ṣivu 1108**
**ṣu 941**
**ṣu 1041**
**ṣuñ 1247**
ṣuṭṭa 1562
ṣura 1340
ṣuha 1129
**ṣū 1408**
**ṣūṅ 1031**
**ṣūṅ 1132**
**ṣūda 25**
ṣūda 1717
ṣṛbhu 430
ṣṛmbhu 431
ṣevṛ 501
ṣai 915
**ṣo 1147**
ṣṭaka 782
ṣṭage 790
**ṣṭana 461**
**ṣṭabhi 386**
ṣṭama 830
ṣṭigha 1265
ṣṭipṛ 364
ṣṭima 1124
ṣṭīma 1125
ṣṭuca 175
**ṣṭuñ 1043**
ṣṭupa 1672
ṣṭubhu 394
ṣṭepṛ 365
ṣṭai 922
ṣṭyai 911
ṣṭrakṣa 661
ṣṭhala 836
**ṣṭhā 928**
**ṣṭhivu 560**
ṣṭhivu 1110
ṣṇasu 1112
**ṣṇā 1052**
**ṣṇiha 1200**
ṣṇiha 1572
**ṣṇu 1038**
ṣṇusu 1111
ṣṇuha 1199
ṣṇai 923
**ṣmiṅ 948**
**ṣvañja 976**
**ṣvada 18**
ṣvada 1805
ṣvaṣka 100
ṣvidā 1188
**saṅketa 1891**
saṅgrāma 1922
satra 1906
**sabhāja 1887**
**sādha 1263**
sāma 1879
sāra 1868
sukha 1929
**sūca 1873**
**sūtra 1908**
sūrkṣa 666
sūrkṣya 509
**sṛ 935**
sṛ 1099
sṛja 1178
**sṛja 1414**
**sṛpḷ 983**
sekṛ 81
skandir 979
skabhi 387
skuñ 1478
**skudi 9**
skhada 768
skhadir 820
**skhala 544**
**stana 1859**

**stṛñ 1252**
stṛhū 1349
**stṝñ 1484**
stena 1897
stoma1923
**styai 910**
sthuḍa 1388
sthūla 1904
**spadi 14**
**spardha 3**
spaśa 887
spaśa 1680
spṛ 1259
**spṛśa 1422**
**spṛha 1871**
**sphāyī 487**
sphiṭṭa 1634
**sphuṭa 260**
**sphuṭa 1373**
sphuṭa 1722
**sphuṭir 329**
sphuḍa 1391
sphuḍi 1537
**sphura 1389**
sphurchā 213
sphula 1390
smiṭa 1573
smīla 519
smṛ 807
**smṛ 933**
**syandū 761**
syama 1693
syamu 826
**sraṃsu 754**
sraki 83
**srambhu 757**
srivu 1109
**sru 940**
srekṛ 82
**svana 817**
svana 827
svara 1863
svarda 19
**svāda 28**
**svṛ 932**
haṭa 312
haṭha 335
hada 977
**hana 1012**
hamma 467
haya 512
harya 514
hala 837
**hase 721**
**hi 1257**
hikka 861
**hiḍi 268**
hila 1361
hivi 591
**hisi 1456**
hisi 1829
**hu 1083**
huḍi 269
huḍi 277
huḍṛ 352
hurchā 211
hula 844
hūḍṛ 353
hṛ 1097
**hṛñ 899**
**hṛṣa 1229**
hṛṣu 709
heṭha 266
heṭha 1532
heḍa 778
heḍṛ 284
heṣṛ 621
hoḍṛ 285
hoḍṛ 354
hnuṅ 1082
hmala 806
hrage 787
hrasa 711
**hrāda 26**
**hrī 1085**
hrīcha 210
hreṣṛ 622
hlage 788
hlapa 1658
hlasa 712
**hlādī 27**
hvala 805
hvṛ 931
hvṛ 934
**hveñ 1008**

## Standard Alphabetical Index

We have given it in Sanskrit **Devanagari**, since a similar index is already present in iAST under the Accented Roots index.

- Indexed on Dhatu ready for Conjugation without Tag letter.
- Contains 1943 - 1 = 1942 Dhatus without Tag letters (1081 चर्करीतं च is not a Root, rather it is a Ganasutra)
- Shows Dhatu Serial Number which is unique and easily referenced in standard Dhatupathas.
- Easily locate dhatus without tag e.g. बुन्द् 876, इन्ध् 1448, श्वि 1010
- Dhatus with णो नः नत्वम् are under न e.g. नक्ष 662, नख 134
- Dhatus with षः सः सत्वम् are under स e.g. सगे 789, सघ 1268
- इदित् Dhatus are listed with the नुम् augment changed to the corresponding row-class-nasal e.g. अङ्क 87, अञ्ज 1785, अण्ठ 261
- Dhatus that have a penultimate नकार are listed with the नकार changed to the corresponding row class nasal, e.g. अञ्च् 188, तुम्प् 1311

Out of 1943 Roots, there are some 662 Dhatus that are commonly found in literature.

अंस् 1918
अंह् 635
अंह् 1797
अक् 792
अक्ष् 654
अग् 793
अङ्क् 87
अङ्क् 1927
अङ्ग् 146
अङ्ग् 1928
अङ्घ् 109
अज् 230
अञ्च् 188
अञ्च् 862
अञ्च् 1738
अञ्ज् 1458
अञ्ज् 1785
अट् 295
अट्ट् 254
अट्ट् 1561
अड् 358
अड्ड् 348
अण् 444
अण् 1175
अण्ठ् 261
अत् 38
अद् 1011
अन् 1070
अन्त् 61
अन्द् 62
अन्ध् 1925
अभ्र् 556
अम् 465
अम् 1720
अम्ब् 378
अय् 474
अर्क् 1643
अर्च् 204
अर्च् 1808
अर्ज् 224
अर्ज् 1725
अर्थ् 1905
अर्द् 55
अर्द् 1828
अर्ब् 415
अर्व् 584
अर्ह् 740
अर्ह् 1731
अर्ह् 1830
अल् 515
अव् 600
अश् 1264
अश् 1523
अस् 886
अस् 1065
अस् 1209
अह् 1272
आञ्छ् 209
आप् 1260
आप् 1839
आस् 1021
इ 1045
इ 1046
इ 1047
इख् 140
इङ्ख् 141
इङ्ग् 153
इट् 318
इन्द् 63
इन्ध् 1448
इन्व् 587
इल् 1357
इल् 1660
इष् 1127
इष् 1351
इष् 1525
ई 1143
ईक्ष् 610
ईङ्ख् 142
ईज् 182
ईड् 1019
ईड् 1667
ईर् 1018
ईर् 1810
ईर्क्ष्य् 510
ईर्ष्य् 511
ईश् 1020
ईष् 611
ईष् 684
ईह् 632
उ 953
उक्ष् 657
उख् 128
उङ्ख् 129
उच् 1223
उच्छ् 216
उच्छ् 1295
उज्झ् 1304
उञ्छ् 215
उञ्छ् 1294
उठ् 338
उध्रस् 1742
उन्द् 1457
उब्ज् 1303
उभ् 1319
उम्भ् 1320
उर्द् 20
उर्व् 569
उष् 696
उह् 739
ऊन् 1888
ऊय् 483
ऊर्ज् 1549
ऊर्णु 1039
ऊष् 683
ऊह् 648
ऋ 936
ऋ 1098
ऋच् 1302
ऋच्छ् 1296
ऋज् 176
ऋञ्ज् 177
ऋण् 1467
ऋध् 1245
ऋध् 1271
ऋफ् 1315
ऋम्फ् 1316
ऋष् 1287
ॠ 1497
एज् 179
एज् 234
एठ् 267
एध् 2
एष् 618
ओख् 121
ओण् 454
ओलण्ड् 1542
कंस् 1024
कक् 90
कख् 120
कख् 784
कग् 791
कङ्क् 94
कच् 168
कञ्च् 169
कट् 294
कट् 320
कठ् 333
कड् 360
कड् 1380
कड्ड् 349
कण् 449
कण् 794
कण् 1715
कण्ठ् 264
कण्ठ् 1847
कण्ड् 282
कण्ड् 1582
कत्थ् 37
कत्र् 1915
कथ् 1851
कन् 460

कन्द् 70
कन्द् 772
कब् 380
कम् 443
कम्प् 375
कर्ज् 228
कर्द् 59
कर्ब् 420
कर्व् 581
कल् 497
कल् 1604
कल् 1865
कल्ल् 498
कष् 685
कस् 860
काङ्क्ष् 667
काञ्च् 170
काश् 647
काश् 1162
कास् 623
कि 1101
किट् 301
किट् 319
कित् 993
किल् 1353
कीट् 1640
कील् 524
कु 951
कु 1042
कु 1401
कुंश् 1765
कुंस् 1763
कुक् 91
कुच् 184
कुच् 857
कुच् 1368
कुज् 199
कुञ्च् 185
कुट् 1366
कुट्ट् 1558
कुट्ट् 1702
कुड् 1383
कुण् 1335
कुण् 1893
कुण्ठ् 342
कुण्ड् 270
कुण्ड् 322
कुण्ड् 1583
कुत्स् 1697
कुथ् 1118
कुन्थ् 43
कुन्थ् 1514
कुन्द्र् 1539
कुप् 1233
कुप् 1779
कुमार् 1877
कुम्ब् 426
कुम्ब् 1655
कुर् 1341
कुर्द् 21
कुल् 842
कुष् 1518
कुस् 1218
कुस्म् 1711
कुह् 1901
कूज् 223
कूट् 1701
कूट् 1890
कूण् 1688
कूण् 1896
कूल् 525
कृ 1253
कृ 1472
कृड् 1382
कृत् 1435
कृत् 1447
कृन्व् 598
कृप् 762
कृप् 1869
कृश् 1227
कृष् 990
कृष् 1286
कॄ 1409
कॄ 1485
कॄ 1496
कॄत् 1653
क्लृप् 1748
केत् 1895
केप् 368
केल् 537
कै 916
क्नथ् 800
क्नस् 1113
क्नू 1480
क्नूय् 485
क्मर् 555
क्रथ् 801
क्रन्द् 71
क्रन्द् 773
क्रन्द् 1727
क्रप् 771
क्रम् 473
क्री 1473
क्रीड् 350
क्रुञ्च् 186
क्रुड् 1394
क्रुध् 1189
क्रुश् 856
क्लथ् 802
क्लन्द् 72
क्लन्द् 774
क्लम् 1207
क्लिद् 1242
क्लिन्द् 15
क्लिन्द् 73
क्लिश् 1161
क्लिश् 1522
क्लीब् 381
क्लेश् 607
क्वण् 450
क्वथ् 846
क्षञ्ज् 769
क्षण् 1465
क्षम् 442
क्षम् 1206
क्षम्प् 1620
क्षर् 851
क्षल् 1597
क्षि 236
क्षि 1276
क्षि 1407
क्षिण् 1466
क्षिप् 1121
क्षिप् 1285
क्षिप् 1941
क्षी 1506
क्षीज् 237
क्षीब् 382
क्षीव् 567
क्षु 1036
क्षुद् 1443
क्षुध् 1190
क्षुभ् 751
क्षुभ् 1239
क्षुभ् 1519
क्षुर् 1344
क्षेव् 568
क्षै 913
क्षोट् 1875
क्ष्णु 1037
क्ष्माय् 486
क्ष्मील् 520
क्ष्विद् 1244
क्ष्वेल् 539
खच् 1531
खज् 232
खञ्ज् 233
खट् 309
खट्ट् 1632
खड् 1580
खण्ड् 283
खण्ड् 1581

खद् 50
खन् 878
खर्ज् 229
खर्द् 60
खर्ब् 421
खर्व् 582
खल् 545
खष् 686
खाद् 49
खिट् 302
खिद् 1170
खिद् 1436
खिद् 1449
खुज् 200
खुण्ड् 1585
खुर् 1342
खुर्द् 22
खेट् 1874
खेल् 538
खै 912
खोर् 552
खोल् 551
ख्या 1060
गज् 246
गज् 1647
गञ्ज् 247
गड् 777
गण् 1853
गण्ड् 65
गण्ड् 361
गद् 52
गद् 1860
गन्ध् 1684
गम् 982
गर्ज् 226
गर्द् 57
गर्ब् 422
गर्व् 583
गर्व् 1907
गर्ह् 636
गर्ह् 1845
गल् 546
गल् 1699
गल्भ् 392
गल्ह् 637
गवेष् 1883
गा 950
गा 1106
गाध् 4
गाह् 649
गु 949
गु 1399
गुज् 1369
गुञ्ज् 203
गुड् 1370
गुण् 1894
गुण्ड् 1584
गुद् 24
गुध् 1120
गुध् 1517
गुप् 395
गुप् 970
गुप् 1234
गुप् 1771
गुफ् 1317
गुम्फ् 1318
गुर् 1396
गुर्द् 23
गुर्द् 1665
गुर्व् 574
गुह् 896
गूर् 1154
गूर् 1694
गृ 937
गृ 1707
गृज् 248
गृञ्ज् 249
गृध् 1246
गृह् 650
गृह् 1899
गॄ 1410
गॄ 1498
गेप् 369
गेव् 502
गेष् 614
गै 917
गोम् 1876
गोष्ट् 257
ग्रन्थ् 36
ग्रन्थ् 1513
ग्रन्थ् 1825
ग्रन्थ् 1838
ग्रस् 630
ग्रस् 1749
ग्रह् 1533
ग्राम् 1892
ग्रुच् 197
ग्लस् 631
ग्लह् 651
ग्लुच् 198
ग्लुञ्च् 201
ग्लेप् 366
ग्लेप् 370
ग्लेव् 503
ग्लै 903
घघ् 159
घट् 763
घट् 1723
घट् 1766
घट्ट् 259
घट्ट् 1630
घण्ट् 1767
घस् 715
घिण्ण् 434
घु 952
घुंष् 652
घुट् 746
घुट् 1385
घुण् 437
घुण् 1338
घुण्ण् 435
घुर् 1345
घुष् 653
घुष् 1726
घूर् 1155
घूर्ण् 438
घूर्ण् 1339
घृ 938
घृ 1096
घृ 1650
घृण् 1469
घृण्ण् 436
घृष् 708
घ्रा 926
ङु 954
चकास् 1074
चक् 93
चक् 783
चक्क् 1595
चक्ष् 1017
चञ्च् 190
चट् 1721
चण् 796
चण्ड् 278
चत् 865
चद् 866
चन्द् 68
चप् 399
चह् 1626
चम् 469
चम् 1274
चम्प् 1619
चय् 478
चर् 559
चर् 1745
चर्करीतं च 1081
चर्च् 717
चर्च् 1299
चर्च् 1712
चर्ब् 425
चर्व् 579
चल् 812

चल् 832
चल् 1356
चल् 1608
चष् 889
चह् 729
चह् 1866
चाय् 880
चि 1251
चि 1629
चि 1794
चिट् 315
चित् 39
चित् 1673
चित्र् 1917
चिन्त् 1535
चिरि 1277
चिल् 1355
चिल्ल् 533
चीक् 1827
चीभ् 384
चीव् 879
चीव् 1774
चुक्क् 1596
चुट् 1377
चुट् 1613
चुड्ड् 1560
चुड् 1392
चुड्ड् 347
चुण्ट् 1659
चुण्ड् 325
चुद् 1592
चुप् 403
चुम्ब् 429
चुम्ब् 1635
चुर् 1534
चुल् 1602
चुल्ल् 531
चूर् 1158
चूर्ण् 1552
चूर्ण् 1641
चूष् 673
चृत् 1324
चेल् 536
चेष्ट् 256
च्यु 955
च्यु 1746
च्युत् 40
छञ्ज् 1621
छद् 813
छद् 1833
छद् 1935
छन्द् 1577
छम् 470
छर्द् 1589
छष् 890
छिद् 1440
छिद्र् 1924
छुट् 1378
छुप् 1418
छुर् 1372
छृद् 1445
छृद् 1820
छेद् 1934
छो 1146
जंस् 1666
जक्ष् 1071
जज् 242
जञ्ज् 243
जट् 305
जन् 1105
जन् 1149
जप् 397
जम् 471
जभ् 388
जम्भ् 1716
जर्ज् 716
जर्ज् 1298
जल् 833
जल् 1543
जल्प् 398
जष् 688
जस् 1211
जस् 1668
जस् 1718
जागृ 1072
जि 561
जि 946
जि 1793
जिन्व् 594
जिरि 1278
जिष् 697
जीव् 562
जुङ्ग् 157
जुड् 1326
जुड् 1379
जुड् 1646
जुत् 32
जुष् 1288
जुष् 1834
जूर् 1156
जूष् 681
जृम्भ् 389
जॄ 1130
जॄ 1494
जॄ 1814
जेष् 616
जेह् 644
जै 914
ज्ञप् 1624
ज्ञा 811
ज्ञा 1507
ज्ञा 1732
ज्या 1499
ज्यु 956
ज्रि 947
ज्रि 1815
ज्वर् 776
ज्वल् 804
ज्वल् 831
झट् 306
झम् 472
झर्झ् 718
झर्झ् 1300
झष् 689
झष् 891
झॄ 1131
टङ्क् 1638
टल् 834
टिक् 103
टीक् 104
ट्वल् 835
डप् 1676
डिप् 1232
डिप् 1371
डिप् 1671
डिप् 1677
डी 968
डी 1135
ढौक् 98
तंस् 1729
तक् 117
तक्ष् 655
तक्ष् 665
तङ्क् 118
तङ्ग् 149
तञ्च् 191
तञ्च् 1459
तट् 308
तड् 1579
तड् 1801
तण्ड् 280
तन् 1463
तन् 1840
तन्त्र् 1678
तप् 985
तप् 1159
तप् 1818
तम् 1202
तय् 479
तर्क् 1780
तर्ज् 227
तर्ज् 1681

तर्द् 58
तल् 1598
तस् 1212
ताय् 489
तिक् 105
तिक् 1266
तिग् 1267
तिज् 971
तिज् 1652
तिप् 362
तिम् 1123
तिल् 534
तिल् 1354
तिल् 1607
तीक् 106
तीर् 1912
तीव् 565
तुज् 244
तुञ्ज् 245
तुञ्ज् 1566
तुञ्ज् 1755
तुट् 1376
तुड् 351
तुड् 1386
तुण् 1332
तुण्ड् 276
तुत्थ् 1943
तुद् 1281
तुप् 404
तुप् 1309
तुफ् 408
तुफ् 1311
तुभ् 753
तुभ् 1241
तुभ् 1521
तुम्प् 405
तुम्प् 1310
तुम्फ् 409
तुम्फ् 1312
तुम्ब् 428
तुम्ब् 1657
तुर् 1102
तुर्व् 570
तुल् 1599
तुष् 1184
तुस् 710
तुह् 737
तूण् 1689
तूर् 1152
तूल् 527
तूष् 674
तृंह् 1350
तृक्ष् 660
तृण् 1468
तृद् 1446
तृप् 1195
तृप् 1307
तृप् 1819
तृम्फ् 1308
तृष् 1228
तृह् 1348
तृह् 1455
तॄ 969
तेज् 231
तेप् 363
तेव् 499
त्यज् 986
त्रंस् 1761
त्रक्ष् 660
त्रङ्क् 97
त्रन्द् 69
त्रप् 374
त्रस् 1117
त्रस् 1741
त्रुट् 1375
त्रुट् 1698
त्रुप् 406
त्रुफ् 410
त्रुम्प् 407
त्रुम्फ् 411
त्रै 965
त्रौक् 99
त्वक्ष् 656
त्वङ्ग् 150
त्वच् 1301
त्वञ्च् 192
त्वर् 775
त्विष् 1001
त्सर् 554
थुड् 1387
थुर्व् 571
दंश् 989
दंश् 1674
दंश् 1764
दंस् 1675
दंस् 1786
दक्ष् 608
दक्ष् 770
दघ् 1273
दण्ड् 1926
दद् 17
दध् 8
दम् 1203
दम्भ् 1270
दय् 481
दरिद्रा 1073
दल् 548
दल् 1751
दस् 1213
दह् 991
दा 930
दा 1059
दा 1091
दान् 994
दाश् 882
दाश् 1279
दास् 894
दिन्व् 592
दिव् 1107
दिव् 1706
दिव् 1724
दिश् 1283
दिह् 1015
दी 1134
दीक्ष् 609
दीधी 1076
दीप् 1150
दु 944
दु 1256
दुःख 1930
दुर्व् 572
दुल् 1600
दुष् 1185
दुह् 738
दुह् 1014
दू 1133
दृ 1280
दृ 1411
दृंह् 734
दृप् 1196
दृप् 1313
दृभ् 1323
दृभ् 1821
दृभ् 1822
दृम्फ् 1314
दृश् 988
दृह् 733
दॄ 808
दॄ 1493
दे 962
देव् 500
दै 924
दो 1148
द्यु 1040
द्युत् 741
द्यै 905
द्रम् 466
द्रा 1054
द्राख् 124
द्राघ् 114
द्राङ्क्ष् 670
द्राड् 287
द्राह् 646

द्रु 945
द्रुण् 1337
द्रुह् 1197
द्रू 1481
द्रेकृ 78
द्रै 906
द्विष् 1013
धक्क् 1594
धन् 1104
धन्व् 597
धा 1092
धाव् 601
धि 1406
धिक्ष् 603
धिन्व् 593
धिष् 1103
धी 1136
धु 1255
धुक्ष् 602
धुर्व् 573
धू 1398
धू 1487
धू 1835
धूप् 396
धूप् 1772
धूर् 1153
धूस् 1639
धृ 900
धृ 960
धृ 1412
धृज् 219
धृञ्ज् 220
धृष् 1269
धृष् 1850
धे 902
धेकृ 1914
धोर् 553
ध्मा 927
ध्यै 908
ध्रज् 217
ध्रञ्ज् 218
ध्रण् 459
ध्रस् 1524
ध्राख् 125
ध्राङ्क्ष् 671
ध्राड् 288
ध्रु 943
ध्रु 1400
ध्रेकृ 79
ध्रै 907
ध्वंस् 755
ध्वज् 221
ध्वञ्ज् 222
ध्वण् 453
ध्वन् 816
ध्वन् 828
ध्वन् 1889
ध्वाङ्क्ष् 672
ध्वृ 939
नक्क् 1593
नक्ष् 662
नख् 134
नङ्ख् 135
नट् 310
नट् 781
नट् 1545
नट् 1791
नद् 54
नद् 1778
नन्द् 67
नभ् 752
नभ् 1240
नभ् 1520
नम् 981
नय् 480
नर्द् 56
नल् 838
नल् 1802
नश् 1194
नस् 627
नह् 1166
नाथ् 6
नाध् 7
नास् 625
निंस् 1025
निक्ष् 659
निज् 1093
निञ्ज् 1026
निद् 871
निन्द् 66
निन्व् 590
निल् 1360
निवास् 1885
निश् 722
निष्क् 1686
नी 901
नील् 522
नीव् 566
नु 1035
नुद् 1282
नुद् 1426
नू 1397
नृत् 1116
नॄ 809
नॄ 1495
नेद् 872
नेष् 617
पंस् 1616
पक्ष् 1550
पच् 996
पञ्च् 174
पञ्च् 1651
पट् 296
पट् 1752
पट् 1856
पठ् 330
पण् 439
पण्ड् 281
पण्ड् 1615
पत् 845
पत् 1861
पथ् 847
पद् 1169
पद् 1898
पन् 440
पन्थ् 1575
पय् 476
पर्ण् 1939
पर्द् 29
पर्प् 412
पर्ब् 416
पर्व् 577
पल् 839
पल्पूल् 1881
पश् 1719
पष् 1862
पा 925
पा 1056
पार् 1911
पाल् 1609
पि 1405
पिंस् 1762
पिच्छ् 1576
पिञ्ज् 1028
पिञ्ज् 1567
पिञ्ज् 1757
पिट् 311
पिठ् 339
पिण्ड् 274
पिण्ड् 1669
पिन्व् 588
पिश् 1437
पिष् 1452
पिस् 719
पिस् 1568
पी 1141
पीड् 1544
पील् 521
पीव् 563
पुंस् 1637
पुट् 1367
पुट् 1753

पुट् 1913
पुट्ट् 1559
पुड् 1384
पुण् 1333
पुण्ट् 1792
पुथ् 1119
पुथ् 1775
पुन्थ् 44
पुर् 1346
पुर्व् 576
पुल् 841
पुल् 1601
पुष् 700
पुष् 1182
पुष् 1529
पुष् 1750
पुष्प् 1122
पुस्त् 1590
पू 966
पू 1482
पूज् 1642
पूय् 484
पूर् 1151
पूर् 1803
पूल् 528
पूल् 1636
पूष् 675
पृ 1258
पृ 1402
पृच् 1030
पृच् 1462
पृच् 1807
पृड् 1328
पृण् 1329
पृथ् 1554
पृष् 705
पॄ 1086
पॄ 1489
पॄ 1548
पेल् 541
पेव् 504
पेष् 615
पेस् 720
पै 920
पैण् 458
प्याय् 488
प्यै 964
प्रच्छ् 1413
प्रथ् 765
प्रथ् 1553
प्रस् 766
प्रा 1061
प्री 1144
प्री 1474
प्री 1836
प्रु 957
प्रुड् 324
प्रुष् 703
प्रुष् 1527
प्रेष् 619
प्रोथ् 867
प्लिह् 642
प्ली 1503
प्लु 958
प्लुष् 704
प्लुष् 1115
प्लुष् 1216
प्लुष् 1528
प्सा 1055
फक्क् 116
फण् 821
फल् 516
फल् 530
फुल्ल् 532
फेल् 542
बंह् 633
बद् 51
बध् 973
बध् 1547
बन्ध् 1508
बर्ब् 418
बर्ह् 638
बर्ह् 1664
बर्ह् 1769
बल् 840
बल् 1628
बल्ह् 639
बल्ह् 1770
बष्क् 1916
बस्त् 1683
बाड् 286
बाध् 5
बिट् 317
बिन्द् 64
बिल् 1359
बिल् 1606
बिस् 1217
बुक्क् 119
बुक्क् 1713
बुङ्ग् 158
बुध् 858
बुध् 875
बुध् 1172
बुन्द् 876
बुस् 1219
बुस्त् 1591
बृंह् 736
बृंह् 1768
बृह् 735
ब्रू 1044
ब्रूस् 1663
भक्ष् 1557
भज् 998
भज् 1733
भञ्ज् 1453
भञ्ज् 1759
भट् 307
भट् 780
भण् 447
भण्ड् 273
भण्ड् 1588
भन्द् 12
भर्त्स् 1682
भर्व् 580
भल् 495
भल् 1700
भल्ल् 496
भष् 695
भस् 1100
भा 1051
भाज् 1886
भाम् 441
भाम् 1872
भाष् 612
भास् 624
भिक्ष् 606
भिद् 1439
भी 1084
भुज् 1417
भुज् 1454
भू 1
भू 1747
भू 1844
भूष् 682
भूष् 1730
भृ 898
भृ 1087
भृंश् 1787
भृज् 178
भृड् 1395
भृश् 1224
भॄ 1491
भेष् 883
भ्यस् 628
भ्रंश् 1225
भ्रंस् 756
भ्रक्ष् 892
भ्रण् 452
भ्रम् 850
भ्रम् 1205
भ्रस्ज् 1284
भ्राज् 181

| | | | | | |
|---|---|---|---|---|---|
| भ्राज् 823 | मद् 1208 | मा 1142 | मील् 517 | मूष् 676 | म्लुच् 196 |
| भ्राश् 824 | मद् 1705 | माङ्क्ष् 669 | मीव् 564 | मृ 1403 | म्लुञ्च् 194 |
| भ्री 1505 | मन् 1176 | मान् 972 | मुच् 1430 | मृक्ष् 664 | म्लेच्छ् 205 |
| भ्रूण् 1690 | मन् 1471 | मान् 1709 | मुच् 1743 | मृग् 1900 | म्लेच्छ् 1662 |
| भ्रेज् 180 | मन्त्र् 1679 | मान् 1843 | मुज् 250 | मृज् 1066 | म्लेट् 292 |
| | | (मार्ग् 1618) | | | |
| भ्रेष् 884 | मन्थ् 42 | मार्ग् 1846 | मुञ्च् 172 | मृज् 1848 | म्लेव् 506 |
| भ्लक्ष् 893 | मन्थ् 46 | मार्ज् 1648 | मुञ्ज् 251 | मृड् 1327 | म्लै 904 |
| भ्लाश् 825 | मन्थ् 1511 | माह् 895 | मुट् 1374 | मृड् 1516 | यक्ष् 1692 |
| भ्लेष् 885 | मन्द् 13 | मि 1250 | मुट् 1614 | मृण् 1331 | यज् 1002 |
| मंह् 634 | मभ्र् 558 | मिच्छ् 1297 | मुड् 323 | मृद् 1515 | यत् 30 |
| मंह् 1799 | मय् 477 | मिञ्ज् 1756 | मुण् 1334 | मृध् 874 | यत् 1735 |
| मख् 132 | मर्च् 1649 | मिद् 743 | मुण्ठ् 265 | मृश् 1425 | यन्त्र् 1536 |
| मङ्क् 89 | मर्ब् 419 | मिद् 868 | मुण्ड् 275 | मृष् 707 | यभ् 980 |
| मङ्ख् 133 | मर्व् 578 | मिद् 1243 | मुण्ड् 326 | मृष् 1164 | यम् 819 |
| मङ्ग् 148 | मल् 493 | मिन्द् 1541 | मुद् 16 | मृष् 1849 | यम् 984 |
| मङ्घ् 111 | मल्ल् 494 | मिन्व् 589 | मुद् 1740 | मॄ 1492 | यम् 1625 |
| मङ्घ् 160 | मव् 599 | मिल् 1364 | मुर् 1343 | मे 961 | यस् 1210 |
| मच् 171 | मव्य् 508 | मिल् 1429 | मुर्छ् 212 | मेद् 869 | या 1049 |
| मञ्च् 173 | मश् 724 | मिश् 723 | मुर्व् 575 | मेध् 870 | याच् 863 |
| मठ् 332 | मष् 692 | मिश्र् 1921 | मुष् 1530 | मेप् 371 | यु 1033 |
| मण् 448 | मस् 1221 | मिष् 699 | मुस् 1220 | मेव् 505 | यु 1479 |
| मण्ठ् 263 | मस्क् 102 | मिष् 1352 | मुस्त् 1631 | म्ना 929 | यु 1710 |
| मण्ड् 272 | मस्ज् 1415 | मिह् 992 | मुह् 1198 | म्रक्ष् 1661 | युङ्ग् 156 |
| मण्ड् 321 | मह् 730 | मी 1137 | मू 967 | म्रद् 767 | युच्छ् 214 |
| मण्ड् 1587 | मह् 1867 | मी 1476 | मूत्र् 1909 | म्रुच् 195 | युज् 1177 |
| मथ् 848 | मा 1062 | मी 1824 | मूल् 529 | म्रुञ्च् 193 | युज् 1444 |
| मद् 815 | मा 1088 | मीम् 468 | मूल् 1603 | म्रेड् 293 | युज् 1806 |

युत् 31
युध् 1173
युप् 1235
यूष् 680
यौट् 291
रंह् 732
रंह् 1798
रक् 1736
रक्ष् 658
रख् 136
रग् 785
रङ्ख् 137
रङ्ग् 144
रङ्घ् 107
रङ्घ् 1795
रच् 1864
रञ्ज् 999
रञ्ज् 1167
रट् 297
रट् 334
रण् 445
रण् 795
रद् 53
रध् 1193
रन्व् 596
रप् 401
रफ् 413

रभ् 974
रम् 853
रम्फ् 414
रम्ब् 376
रय् 482
रस् 713
रस् 1931
रह् 731
रह् 1627
रह् 1858
रा 1057
राख् 122
राघ् 112
राज् 822
राध् 1180
राध् 1262
रास् 626
रि 1275
रि 1404
रिङ्ग् 154
रिच् 1441
रिच् 1816
रिन्व् 595
रिफ् 1306
रिश् 1420
रिष् 694
रिष् 1231

री 1138
री 1500
रु 959
रु 1034
रुंश् 1788
रुंस् 1790
रुच् 745
रुज् 1416
रुज् 1804
रुट् 747
रुट् 1783
रुठ् 336
रुण्ट् 327
रुण्ठ् 345
रुद् 1067
रुध् 1174
रुध् 1438
रुप् 1236
रुश् 1419
रुष् 693
रुष् 1230
रुष् 1670
रुह् 859
रूक्ष् 1910
रूप् 1933
रूष् 678
रेक् 80

रेट् 864
रेप् 372
रेभ् 385
रेव् 507
रेष् 620
रै 909
रोड् 356
रौड् 355
लक्ष् 1538
लक्ष् 1696
लख् 138
लग् 786
लग् 1737
लङ्ख् 139
लङ्ग् 145
लङ्घ् 108
लङ्घ् 1760
लङ्घ् 1796
लच्छ् 206
लज् 238
लज् 1290
लज् 1920
लञ्ज् 239
लञ्ज् 1784
लट् 298
लड् 359
लड् 814

लड् 1540
लण्ड् 1800
लप् 402
लभ् 975
लम्ब् 377
लम्ब् 379
लर्ब् 417
लल् 1687
लष् 888
लस् 714
लस् 1728
लस्ज् 1291
ला 1058
लाख् 123
लाघ् 113
लाज् 240
लाञ्छ् 207
लाञ्ज् 241
लाभ् 1936
लिख् 1365
लिङ्ग् 155
लिङ्ग् 1739
लिप् 1433
लिश् 1179
लिश् 1421
लिह् 1016
ली 1139

ली 1501
ली 1811
लुञ्च् 187
लुञ्ज् 1758
लुट् 314
लुट् 748
लुट् 1222
लुट् 1381
लुट् 1754
लुठ् 337
लुठ् 749
लुठ् 1222
लुण्ट् 328
लुण्ठ् 343
लुण्ठ् 346
लुण्ठ् 1563
लुन्थ् 45
लुप् 1237
लुप् 1431
लुभ् 1238
लुभ् 1305
लुम्ब् 427
लुम्ब् 1656
लू 1483
लूष् 677
लूष् 1610
लेप् 373
लोक् 76

लोक् 1776
लोच् 164
लोच् 1777
लोड् 357
लोष्ट् 258
वक्ष् 663
वख् 130
वङ्क् 88
वङ्क् 95
वङ्ख् 131
वङ्ग् 147
वङ्घ् 110
वच् 1063
वच् 1842
वज् 252
वञ्च् 189
वञ्च् 1703
वट् 300
वट् 779
वट् 1857
वट् 1919
वठ् 331
वण् 446
वण्ट् 1586
वण्ठ् 262
वण्ड् 271
वद् 1009
वद् 1841
वन् 462
वन् 463
वन् 803
वन् 1470
वन्द् 11
वप् 1003
वभ्र् 557
वम् 849
वय् 475
वर् 1852
वर्च् 162
वर्ण् 1551
वर्ण् 1938
वर्ध् 1654
वर्ष् 613
वर्ह् 640
वल् 491
वल्क् 1571
वल्ग् 143
वल्भ् 391
वल्ल् 492
वल्ह् 641
वश् 1080
वष् 691
वस् 1005
वस् 1023
वस् 1214
वस् 1744
वस् 1942
वस्क् 101
वह् 1004
वा 1050
वाङ्क्ष् 668
वाञ्छ् 208
वात् 1882
वाश् 1163
वास् 1884
वाह् 645
विच् 1442
विच्छ् 1423
विच्छ् 1773
विज् 1094
विज् 1289
विज् 1460
विट् 316
विथ् 33
विद् 1064
विद् 1171
विद् 1432
विद् 1450
विद् 1708
विध् 1325
विल् 1358
विल् 1605
विश् 1424
विष् 698
विष् 1095
विष् 1526
विष्क् 1685
विष्क् 1940
वी 1048
वीर् 1903
वृ 1254
वृ 1509
वृ 1813
वृक् 92
वृक्ष् 604
वृज् 1029
वृज् 1461
वृज् 1812
वृण् 1330
वृत् 758
वृत् 1160
वृत् 1781
वृध् 759
वृध् 1782
वृश् 1226
वृष् 706
वृष् 1704
वृह् 1347
वॄ 1486
वॄ 1490
वे 1006
वेण् 877
वेथ् 34
वेप् 367
वेल् 535
वेल् 1880
वेल्ल् 540
वेवी 1077
वेष्ट् 255
वेह् 643
वै 921
व्यच् 1293
व्यथ् 764
व्यध् 1181
व्यय् 881
व्यय् 1932
व्युष् 1114
व्युष् 1215
व्ये 1007
व्रज् 253
व्रज् 1617
व्रण् 451
व्रण् 1937
व्रश्च् 1292
व्री 1140
व्री 1504
व्रीड् 1126
व्रुड् 1393
व्ली 1502
शंस् 629
शंस् 728
शक् 1187
शक् 1261
शङ्क् 86
शच् 165
शट् 299
शठ् 340
शठ् 1564
शठ् 1691
शठ् 1854
शण् 797
शण्ड् 279
शद् 855
शद् 1428
शप् 1000
शप् 1168
शब्द् 1714
शम् 818
शम् 1201
शम् 1695
शम्ब् 1556
शर्ब् 423

शर्व् 585
शल् 490
शल् 843
शल्भ् 390
शव् 725
शश् 726
शष् 690
शस् 727
शाख् 126
शाड् 289
शान् 995
शास् 1022
शास् 1075
शि 1249
शिक्ष् 605
शिङ्घ् 161
शिञ्ज् 1027
शिट् 303
शिल् 1362
शिष् 687
शिष् 1451
शिष् 1817
शी 1032
शीक् 75
शीक् 1789
शीक् 1826
शीभ् 383
शील् 523
शील् 1878
शुच् 183
शुच् 1165
शुच्य् 513
शुठ् 341
शुठ् 1644
शुण्ठ् 344
शुण्ठ् 1645
शुध् 1191
शुन् 1336
शुन्ध् 74
शुन्ध् 1832
शुभ् 432
शुभ् 750
शुभ् 1321
शुम्भ् 433
शुम्भ् 1322
शुल्क् 1618
शुल्ब् 1611
शुष् 1183
शूर् 1157
शूर् 1902
शूर्प् 1612
शूल् 526
शूष् 679
शृध् 760
शृध् 873
शृध् 1734
शॄ 1488
शेल् 543
शै 918
शो 1145
शोण् 455
शौट् 290
श्च्युत् 41
श्मील् 518
श्यै 963
श्रङ्क् 84
श्रङ्ग् 151
श्रण् 798
श्रण् 1578
श्रथ् 799
श्रथ् 1546
श्रथ् 1823
श्रथ् 1870
श्रन्थ् 35
श्रन्थ् 1510
श्रन्थ् 1512
श्रन्थ् 1837
श्रम् 1204
श्रम्भ् 393
श्रा 810
श्रा 1053
श्रि 897
श्रिष् 701
श्री 1475
श्रु 942
श्रै 919
श्रोण् 456
श्लङ्क् 85
श्लङ्ग् 152
श्लथ् 800
श्लाख् 127
श्लाघ् 115
श्लिष् 702
श्लिष् 1186
श्लिष् 1574
श्लोक् 77
श्लोण् 457
श्वङ्क् 96
श्वच् 166
श्वञ्च् 167
श्वठ् 1565
श्वठ् 1855
श्वभ्र् 1623
श्वर्त् 1622
श्वल् 549
श्वल्क् 1570
श्वल्ल् 550
श्वस् 1069
श्वि 1010
श्वित् 742
श्विन्द् 10
ष्ठिव् 560
ष्ठिव् 1110
ष्वष्क् 100
संस्त् 1079
सग् 789
सघ् 1268
सङ्केत् 1891
सङ्ग्राम् 1922
सच् 163
सच् 997
सञ्ज् 987
सट् 313
सट्ट् 1633
सत्र् 1906
सद् 854
सद् 1427
सद् 1831
सन् 464
सन् 1464
सप् 400
सभाज् 1887
सम् 829
सम्ब् 1555
सर्ज् 225
सर्ब् 424
सर्व् 586
सल् 547
सस् 1078
सस्ज् 202
सह् 852
सह् 1128
सह् 1809
साध् 1263
सान्त्व् 1569
साम् 1879
सार् 1868
सि 1248
सि 1477
सिच् 1434
सिट् 304
सिध् 47
सिध् 48
सिध् 1192
सिल् 1363
सिव् 1108
सु 941
सु 1041
सु 1247
सुख् 1929
सुट्ट् 1562
सुर् 1340
सुह् 1129

सू 1031
सू 1132
सू 1408
सूच् 1873
सूत्र् 1908
सूद् 25
सूद् 1717
सूर्क्ष् 666
सूर्क्ष्य् 509
सृ 935
सृ 1099
सृज् 1178
सृज् 1414
सृप् 983
सृभ् 430
सृम्भ् 431
सेक् 81
सेव् 501
सै 915
सो 1147
स्कन्द् 979
स्कम्भ् 387
स्कु 1478
स्कुन्द् 9
स्खद् 768
स्खद् 820
स्खल् 544
स्तक् 782
स्तग् 790
स्तन् 461
स्तन् 1859
स्तम् 830
स्तम्भ् 386
स्तिघ् 1265
स्तिप् 364
स्तिम् 1124
स्तीम् 1125
स्तु 1043
स्तुच् 175
स्तुप् 1672
स्तुभ् 394
स्तृ 1252
स्तृह् 1349
स्तॄ 1484
स्तेन् 1897
स्तेप् 365
स्तै 922
स्तोम् 1923
स्त्यै 910
स्त्यै 911
स्त्रक्ष् 661
स्थल् 836
स्था 928
स्थुड् 1388
स्थूल् 1904
स्नस् 1112
स्ना 1052
स्निह् 1200
स्निह् 1572
स्नु 1038
स्नुस् 1111
स्नुह् 1199
स्नै 923
स्पन्द् 14
स्पर्ध् 3
स्पश् 887
स्पश् 1680
स्पृ 1259
स्पृश् 1422
स्पृह् 1871
स्फाय् 487
स्फिट्ट् 1634
स्फुट् 260
स्फुट् 329
स्फुट् 1373
स्फुट् 1722
स्फुड् 1391
स्फुण्ड् 1537
स्फुर् 1389
स्फुर्छ् 213
स्फुल् 1390
स्फूर्ज् 235
स्मि 948
स्मिट् 1573
स्मील् 519
स्मृ 807
स्मृ 933
स्यन्द् 761
स्यम् 826
स्यम् 1693
स्रंस् 754
स्रङ्क् 83
स्रम्भ् 757
स्रिव् 1109
स्रु 940
स्रेक् 82
स्वञ्ज् 976
स्वद् 18
स्वद् 1805
स्वन् 817
स्वन् 827
स्वप् 1068
स्वर् 1863
स्वर्द् 19
स्वाद् 28
स्विद् 744
स्विद् 978
स्विद् 1188
स्वृ 932
हट् 312
हठ् 335
हद् 977
हन् 1012
हम्म् 467
हय् 512
हर्य् 514
हल् 837
हस् 721
हा 1089
हा 1090
हि 1257
हिंस् 1456
हिंस् 1829
हिक्क् 861
हिण्ड् 268
हिन्व् 591
हिल् 1361
हु 1083
हुड् 352
हुण्ड् 269
हुण्ड् 277
हुर्छ् 211
हुल् 844
हूड् 353
हृ 899
हृ 1097
हृष् 709
हृष् 1229
हेठ् 266
हेठ् 1532
हेड् 284
हेड् 778
हेष् 621
होड् 285
होड् 354
ह्नु 1082
ह्मल् 806
ह्रग् 787
ह्रस् 711
ह्राद् 26
ह्री 1085
ह्रीच्छ् 210
ह्रेष् 622
ह्लग् 788
ह्लप् 1658
ह्लस् 712
ह्लाद् 27
ह्वल् 805
ह्वृ 931
ह्वॄ 934
ह्वे 1008

# References


| Author | Title | Year | Ed | Publisher |
|---|---|---|---|---|
| Jaya Shankar Lal Tripathi | kāśikā nyāsa-padamañjarī-bhāvabodhinī-sahitā Vol 9 | 1994 | 1st | Tara Book Agency, Varanasi |
| O. K. Munshi | Dhaturupaprapanca Vol I & II | 2006 | 1st | University of Calicut, Calicut |
| Muni Lavanya Vijaya Suri | dhāturatnākaraḥ Vol I | 2006 | 1st | Rashtriya Sanskrit Sansthan, New Delhi |
| Harekanta Mishra | bṛhaddhātukusumākaraḥ | 2007 | 1st | Chaukhamba Sanskrit Pratishthan, Delhi |
| Vijaypal Vidyavaridhi | mādhavīyā dhātuvṛttiḥ | 2009 | 2nd | Ram Lal Kapoor Trust, Sonipat |
| Yudhisthir Mimansak | saṃskṛta dhātu koṣaḥ | 2009 | 1st | Ram Lal Kapoor Trust, Sonipat |
| Pushpa Dikshit | pāṇinīyadhātupāṭhaḥ sārthaḥ | 2011 | 1st | Samskrita Bharati, New Delhi |
| Pushpa Dikshit | aṣṭādhyāyī sahajabodha Vol 1, 2, 3 | 2017 | 3rd | Pratibha Prakashan, Delhi |
| Govind Acharya | vaiyākaraṇasiddhāntakaumudī - mūlamātram | 2015 | 1st | Chaukhamba Surbharati Prakashan, Varanasi |
| Ashwini Kumar Aggarwal | Dhatupatha of Panini | 2017 | 1st | Devotees of Sri Sri Ravi Shankar Ashram, Punjab |
| | Dhatupatha Dhatukosha | 2020 | 1st | |
| | Dhatupatha Verbs in 10 Lakaras Vol I II III | 2024 | 1st | |

Online Links
https://sanskrit.uohyd.ac.in/ https://www.sanskritworld.in/
https://ashtadhyayi.com/
https://www.ashtangayoga.info/philosophy/sanskrit-and-devanagari/transliteration-tool/

## Epilogue

The Dhatupatha is Panini's library of Sounds that serves as input to the Ashtadhyayi program. Its intelligent, concise and exemplary coding is regarded in awe by foremost programmers of today and has stood its ground over 2500 years.

sarve bhavantu sukhinaḥ । sarve santu nirāmayāḥ ।

sarve bhadrāṇi paśyantu । mā kaścid duḥkha bhāg bhavet ॥

oṃ śāntiḥ śāntiḥ śāntiḥ ॥

When faith has blossomed in life, Every step is led by the Divine.

Sri Sri Ravi Shankar

**Om Namah Shivaya**

जय गुरुदेव